Poesía completa

Poesía completa
Edición, estudio introductorio y apéndices
documentales de Amauri Gutiérrez Coto

Ambrosio Echemendía

Almenara

CONSEJO EDITORIAL

Luisa Campuzano
Adriana Churampi
Stephanie Decante
Gabriel Giorgi
Gustavo Guerrero
Francisco Morán

Waldo Pérez Cino
Juan Carlos Quintero Herencia
José Ramón Ruisánchez
Julio Ramos
Enrico Mario Santí
Nanne Timmer

© Almenara, 2019

www.almenarapress.com
info@almenarapress.com

Leiden, The Netherlands

ISBN 978-94-92260-38-3

Imagen de cubierta: Robert Thornton (1807)

All rights reserved. Without limiting the rights under copyright reserved above, no part of this book may be reproduced, stored in or introduced into a retrieval system, or transmitted, in any form or by any means (electronic, mechanical, photocopying, recording or otherwise) without the written permission of both the copyright owner and the author of the book.

Una escritura afrodescendiente en la Cuba colonial 11
Bibliografía 73

Apéndices

Correspondencia

Carta de Luisa Pérez de Zambrana a Anselmo Suárez y Romero. 87
Carta de Dolores Susane a Ambrosio Echemendía. 89
Carta de José Manuel Mestre a Fernando Echemendía 93
Carta de José Manuel Mestre a Juan Clemente Zenea 95
Carta de José Manuel Mestre a Luis Felipe Mantilla. 97
Carta de libertad concedida a Ambrosio Echemendía 99

Murmuríos del Táyaba

Advertencia 103
Murmuríos del Táyaba. 105

A la memoria del sabio cubano D. José de la Luz y Caballero... 109
A mi madre ... 111
A Juana ... 113
Al Almendares ... 114
Un suspiro al mar ... 115
A Cuba ... 118
A mi señor [I] (improvisado) ... 120
A la religión ... 121
A mi señor [II] (improvisado) ... 123
A la graciosa niña Da. Narcisa Echemendía y Flores ... 125
A mi señor [III]. En su partida ... 127
A la señorita Da. Mercedes Arús y Puertas ... 128
A un incrédulo (improvisado) ... 131
Invitación ... 132
A Trinidad ... 134
A mi señor [IV] ... 136
A mis protectores ... 137
A Quintana ... 138
A un incrédulo de mis versos [I] ... 139
A «El fanal» de Puerto-Príncipe ... 140
Al Sr. Ldo. D. Fernando Echemendía en sus natales ... 141
A mi señor [V] (improvisado) ... 142
A M. ... en su día ... 143
A la memoria del Sr. D. Martín de Arredondo ... 144
El siglo tiempo y «El siglo» papel ... 145
A un incrédulo de mis versos II (improvisado) ... 146
A la sra. Da. Bárbara Iznaga de Riquelme ... 147
La azucena ... 148
Al Sr. D. J. A. C. Décimas improvisadas ... 149
A N... ... 151
A un amigo, en su día [I] ... 153
A mi apreciable amigo el Sr. D. José Antonio Cortés en su día . 154
Al popular poeta D. José Fornaris ... 155
A un amigo, en su día [II] ... 157
A Mariquita ... 158

A Mercedes 160
Epigrama 162

Poemas publicados en periódicos
Al Damují 165
Adiós a Elvira 166

Agradecimientos 169

*A la memoria de Ana Cairo Ballester (1949-2019),
maestra y amiga.*

Una escritura afrodescendiente en la Cuba colonial

Amauri Gutiérrez Coto

Este año se celebra el 210 aniversario del natalicio del poeta afrodescendiente Gabriel de la Concepción Valdés, Plácido. Resulta una ocasión perfecta para reflexionar acerca de la intelectualidad afrodescendiente cubana en el siglo XIX. Cuando se usa el término afrodescendiente aquí, es necesario aclarar se utiliza en el presente texto para hablar de aquellos autores que tienen una condición descendiente de África que es conocida y documentada por sus contemporáneos o la bibliografía especializada. Eso incluye autores que se autodefinen como afrodescendientes, aunque no siempre esa conciencia identitaria se expresa de manera explícita en su escritura. En el contexto de la literatura de los Estados Unidos, por ejemplo, se considera literatura afrodescendiente a aquella que escriben los autores que se autoidentifican como afroamericanos (Callahan 2011: 12). Por último, es necesario aclarar que el uso del término afrodescendiente no busca minimizar el mestizaje propio de la población del Caribe hispano insular.

La condición afrodescendiente de estos autores decimonónicos no supone en la presente introducción una crítica que valore la obra guilleniana de su primer libro *Sóngoro Cosongo* (1931) como el único modelo posible de la escritura de la diáspora africana estos autores. Otros autores han valorado la escritura afrodescendiente decimonónica en términos de su apego temático a la comunidad de la diáspora africana en Cuba, pero estos autores pueden tener una reflexión escritural que no se apegue los contenidos propios de la diáspora africana sin que eso suponga la abandonar un discurso afrodescendiente de la escritura. Una valoración representativa de esta tendencia que impone como norma para la escritura afrodescendiente la obra poética temprana de Nicolás Guillén, o propone una escritura ortoguilleniana, es el crítico Salvador Bueno decía en los años ochenta del siglo pasado para referirse a Juan Francisco Manzano:

> La denuncia que trasciende de sus *Apuntes biográficos*, no aparece de igual forma en sus versos. Los nombres que escoge para su amada, Lesbia o Delia, son reminiscencias librescas que imitaba de los poetas blancos. (Bueno 1981: 81)

De acuerdo con este último crítico, al ser Manzano un autor afrodescendiente, no puede ser un autor romántico por sí mismo. Su apego a una estética romántica no es valorado en términos de su contribución a la literatura cubana de su época. ¿Se consideraría al poeta cubano José Jacinto Milanés un imitador de los poetas españoles? No, la crítica ha tratado de buscar lo original en su obra sin detenerse a valorarlo como un imitador de sus contemporáneos con los cuales compartía el universo estético del romanticismo. Si eso no ocurre con la poesía de Milanés, por qué debería ocurrir con la lírica de Manzano. Su descripción dolorosa de la esclavitud en sus *Apuntes biográficos* no fue suficiente, Manzano debía haber convertido cada línea de su escritura en una denuncia. Si no tiene la obra un valor instrumental de denuncia, entonces no se la debe considerar mera imitación. Bueno es un ejemplo eficiente de esa crítica en el siglo XX que instrumentaliza a los poetas afrodescendientes del siglo XIX de la misma manera que el círculo intelectual de Domingo del Monte lo hacía.

La literatura antiesclavista o crítica con la esclavitud utilizó al afrodescendiente letrado como un instrumento de su agenda político-social. Ese es el caso de Manzano, Echemendía, Roblejo y Frías quienes eran poetas esclavos. Esa instrumentalización de la escritura afrodescendiente trajo como consecuencia una reducción de estos discursos comunitarios a su función dentro de las narrativas hispanodescendientes antiesclavistas. El afrodescendiente letrado se convirtió en un punto de conflicto en las guerras imperialistas entre Reino Unido y España. Por eso, el intelectual Domingo del Monte entregó al comisionado inglés Richard R. Madden la autobiografía de Manzano y el manuscrito de la novela *Francisco* de Suárez y Romero. Madden encarnaba como individuo la campaña abolicionista del gobierno inglés en los territorios coloniales españoles. La intelectualidad hispanodescendiente se aprovechaba de la propia retórica colonialista. Esa instrumentalización apartó los ojos de la crítica del valor literario de estos textos más allá de su utilidad para el debate antiesclavista. El autor afrodescendiente decimonónico ha pasado por varias etapas de instrumentalización. Primero, lo fue por sus contemporáneos y, más tarde, lo fue por la crítica literaria en un círculo vicioso que no los despoja de su valor estético como autores románticos.

Salvador Bueno lo valora exclusivamente en términos de su apego a cierto modelo ortoguilleniano. En fechas recientes, gracias a la amplia divulgación de la obra de Manzano, es posible encontrar otra generación de críticos que abre una nueva exégesis de su obra (Pettway, 50-104 y 147-185). El acercamiento crítico que se ha guiado esta investigación ha sido valorar a Echemendía como un hombre del romanticismo y no en términos de su afiliación al modelo ortoguilleniano. La poesía de Guillén enriqueció la vanguardia literaria en América Latina y el Caribe, pero no puede tomarse cierto sector de su poesía como la correcta manera de escribir de la diáspora africana en el Caribe cuando ni él mismo Guillén se mantuvo apegado a esa propia práctica ortoguilleniana de su primer volumen de poemas. La presente edición busca poner a disposición del público la obra de Echemendía y, al mismo tiempo, delinear el canon de la poesía afrodescendiente decimonónica en Cuba. Por lo tanto, busco superar una mirada crítica ortoguilleniana de la obra de Echemendía a quien se le presento ahora como uno de los autores paradigmáticos del romanticismo cubano.

Dentro y fuera de Cuba se llevan a cabo investigaciones que se proponen establecer el itinerario ideológico de esta comunidad y de su condición de diáspora africana (Montesinos Grandías, 37-63; Abreu Arcia, 19-49; Labrador-Rodríguez, 13-25 y Pettway, 29-49). Llama particularmente la atención los empeños en establecer los vínculos de los intelectuales afrodescendientes con las ideas socialistas de la época. Se sabe de la militancia independentista de muchos de los afrodescendientes que jugaron un rol decisivo en las Guerras de Independencia de Cuba frente al colonialismo español pero las ideas de esta comunidad deben explorarse con más detenimiento en el futuro. La presente edición busca insertarse en este movimiento de revaluación y recuperación de la diáspora africana en el Caribe hispánico durante el siglo XIX.

La obra de Echemendía ha sido abordada en el pasado. En el 2008, Yansert Fraga León realizó un estudio de los poetas esclavos de Cuba donde incluyó 12 poemas del autor. Debido a la rareza del único volumen publicado por Echemendía en Trinidad en 1865, hemos decidido realizar esta primera edición contemporánea de toda la obra conocida de este poeta y periodista romántico. El presente volumen incluye también una carta de su esposa Dolores Susane sobre el volumen *Colección de artículos* del escritor abolicionista Anselmo Suárez y Romero. También se ha incorporado una sección de apéndices con documentos relativos a la biografía de Echemendía después de obtener su libertad pues la información disponible hasta el momento sobre ese período de su vida es escasa.

Una simple revisión en Internet nos permitirá obtener información sobre una edición de la poesía de Echemendía realizada en el 2011 por la Editorial Linkgua en España. No obstante, se trata de un volumen agotado en el catálogo de la editorial y no es posible encontrar ejemplares de esa edición en las bibliotecas que están asociadas a WorldCat. Por último, una vista de los fragmentos de esa edición ofrecidos como muestra de Google Books ofrece el texto de la novela *Sofía* de Martín Morrúa Delgado. Se ha contactado a la editorial Linkgua sobre este tema y la respuesta de la editorial fue que el volumen se retiró de circulación después de un corto tiempo de venta pues no les fue posible garantizar la inclusión de toda la poesía conocida de Echemendía. La editorial Linkgua se interesó en la presente edición, pero ya se encontraba bajo contrato.

Unos años atrás mientras investigaba como profesor en la Universidad de La Habana, me percaté de la relevancia de la literatura afrodescendiente para los círculos letrados de la Cuba decimonónica. No obstante, si uno revisa los catálogos bibliográficos y la información de la época, raras veces se encuentran los nombres asociados a la herencia cultural y racial de los autores. La mayor parte de los escritores de las élites descendientes de los españoles peninsulares han sido editadas por los investigadores interesados en el siglo XIX y es posible encontrar ediciones contemporáneas de esos autores. En el caso de los escritores afrodescendientes la cifra de obras académicas editadas es menor lo cual ofrece la impresión a los lectores no familiarizados con el tema de un vacío de la escritura afrodescendiente en la literatura latinoamericana decimonónica. A pesar de que es posible encontrar la obra de autores como Juan Francisco Manzano, Gabriel de la Concepción Valdés (Plácido) o Mercedes Matamoros, indudablemente el corpus de la escritura afrodescendiente es, al menos en Cuba, más extenso.

En fecha reciente, mientras investigaba en la Sala Cubana de la Biblioteca Nacional José Martí, encontré allí el impreso completo de la obra de Ambrosio Echemendía. Dicho volumen, había sido enriquecido por su dueño al pegar en el mismo un recorte de la prensa escrita de uno de los poemas de Echemendía. Durante ese mismo viaje de investigaciones a Cuba, revisé por diferentes motivos la Colección de Manuscritos de donde hallé una carta que escribía la entonces futura esposa de Echemendía sobre Anselmo Suárez y Romero. También había revisado la bibliografía de Carlos Manuel Trelles sobre escritores afrodescendientes (Trelles 1927: 30-78) y allí se mencionaba otro periódico con el cual Echemendía colaboró que no aparecía registrado en el *Diccionario* de Figarola-Caneda (1922: 69). Todo lo anterior nos ha hecho pensar en la obra de Echemendía como un conjunto que debe ser recuperado en varias fases. Este primer paso, que ahora se da aquí con su obra de ficción, debe continuarse con la obra periodística de este pertinente intelectual.

Criterios de la presente edición

En la presente edición, se han respetado las mayúsculas y las cursivas en los poemas y cartas que se incluyen. Pero se han modificado los signos de puntuación y la ortografía para hacer el texto más cercano a un lector contemporáneo sin que eso suponga ningún riesgo para su significado original o para la métrica en el caso de los versos.

Se ha mantenido el orden original de los poemas incluidos en el volumen *Murmurios del Táyaba* y al final se ha agregado una sección con los poemas conocidos que no fueron incluidos ahí. Esta última sección fue ordenada cronológicamente. En algunos casos, es posible hallar varios poemas con un título idéntico en *Murmurios del Táyaba*. Cuando se ha encontrado más de un poema con el mismo título y diferente texto, se han agregado números romanos respetando su orden en el texto para permitir una diferenciación de los textos en el índice.

Se han conservado las fechas de aquellos poemas que la tenían y se modificó ligeramente la distribución de los espacios del verso para darle una unidad visual al volumen porque este último aspecto no tiene una función de significado en la obra poética de Echemendía. Las notas al pie se han utilizado para ofrecer información de tipo bibliográfico o pertinente a los textos. Las notas también se han redactado con la función de ofrecer a un público lector información adicional sobre el contexto intelectual de Trinidad y de Cuba a quienes no estén familiarizados con estos temas especializados o la cultura cubana decimonónica.

Referencias biográficas de Echemendía

¿Qué conocemos de la vida de Ambrosio Echemendía? Realmente, se conoce poco. Si bien para la presente edición no se han podido encontrar nuevos datos acerca de la vida de Echemendía con anterioridad a 1865, después de esta fecha se ofrece aquí nueva información sobre de este poeta trinitario. Fraga León esboza una biografía de Ambrosio Echemendía a partir de la información que posee en el momento en que escribe su volumen. Pero, a partir del año 1865, señala lo siguiente:

> Después de este año, su pista se pierde, se desconoce el año de su muerte, aunque Trelles lo señalaba ya fallecido en 1898, pero sin fecha exacta. Vitier nos informa que el mismo Trelles anotó, al margen de la nota biográfica de Calcagno sobre Echemendía, 1893, 1898, como años probables de su deceso. Los pocos poemas encontrados después de 1865, fundamentalmente en publicaciones periódicas de sociedades de negros, no son nuevos ni de esos años. Calcagno apuntó que en 1869, Ambrosio se casó con la inteligente parda Dolores Susane, pero este matrimonio no se encuentra registrado en los libros de la Catedral de Cienfuegos, como tampoco aparece su muerte, por lo que suponemos que el bardo se marchó también de esa ciudad. (Fraga León 2009: 51)

Los nuevos datos biográficos sobre Echemendía que aquí se ofrecen persiguen llenar esos años vacíos en las pesquisas de Fraga León. Se comenzó precisamente por reunir información acerca del proceso de manumisión del poeta. Una descripción de la cena de recaudación de los fondos faltantes se encuentra en *La América*:

> En la noche del sábado último, después de concluido el banquete dado al Sr. Asquerino, uno de nuestros amigos y corresponsales tuvo la feliz ocurrencia de abrir entre los concurrentes una suscrición á fin de reunir la cantidad de 500 pesos que aún faltaba para la manumisión del pardo poeta Ambrosio Echemendía, y tenemos la satisfacción de poder anunciar que á los pocos momentos quedó llena la suscrición y que al siguiente día se pasó desde la

Unión un despacho telegráfico al dueño del poeta inquiriendo el lugar en que deba entregársele dicha suma. Se nos dice que el Sr. Asquerino se asoció al pensamiento contribuyendo en el acto con un billete de 50 pesos. (Morales Lemus 1886: 12)

Otra descripción de aquella noche puede hallarse en la *Revista Hispano-Americana Política y Económica*:

> Una obra magnánima coronó la fiesta del 9 del que cursa. Al concluir el banquete uno de los concurrentes tuvo el feliz pensamiento de promover una suscrición para recolectar quinientos pesos que faltaban para cubrir el precio de la libertad del desgraciado poeta esclavo Ambrosio Echemendía, coartado por su dueño en esa cantidad. Pronto se reunió dicha suma, contribuyendo, según se nos dice, el Sr. Asquerino con un billete de cincuenta pesos. Al siguiente día se hizo saber al amo del poeta que designase lugar para entregarle el dinero. — El esclavo contestó en estos términos, ocupando el telégrafo: — «Gracias, señores, mil gracias; gloria á tan ilustres patricios.! — Se nos asegura, y podemos responder de la veracidad de esta noticia, que el opulento hacendado D. Esteban Santa Cruz de Oviedo quiso cubrir él solo la suscrición, y negándose los señores presentes, ha manifestado posteriormente sus deseos de consignar en favor de Ambrosio la suma de quinientos pesos para que remedie sus primeras necesidades, remitiendo al efecto esta cantidad. — Nos complacemos en comunicar este raspo de generosidad, de que pronto dará cuenta nuestro periódico *El Siglo*. ¡Viva feliz el bardo de Cienfuegos, hoy emancipado merced al patriotismo de nuestros conciudadanos; y que sean sus cantos para nosotros el bálsamo que calme nuestro dolor, al acordarnos del malogrado Plácido!... (12 de enero de 1866: 187)

La libertad de un esclavo no suponía necesariamente una real integración en la sociedad. Era imprescindible tener una transición a la vida libre que garantizara una vida digna. En el caso de Echemendía, esa transición era la de un intelectual probado. Por ello, se puede suponer que la cifra extra donada a Echemendía por Esteban Santa Cruz de Oviedo fue utilizada por el poeta recién liberado para irse a estudiar a los Estados Unidos.

Uno de los presentes aquella noche fue el abogado José Manuel Mestre, en cuya biografía, escrita por José Ignacio Rodríguez, se encontraron varios documentos que aparecen en este volumen en la sección de apéndices. Por ello se sabe que Echemendía estaba interesado en estudiar odontología y para eso se dirigió hacia Nueva York en los Estados Unidos, como documenta la carta de recomendación que le escribe el propio Mestre al también poeta Juan Clemente Zenea (Rodríguez 1909: 81). También se conoce por la carta dirigida por Mestre a Luis Felipe Mantilla que sus profesores estaban contentos con él como estudiante (Rodríguez 1909: 82).

Con posterioridad, la carta de Pérez de Zambrana que se ha citado confirma la presencia en La Habana de Echemendía y su esposa. Este último documento de la Biblioteca Nacional José Martí confirma que Echemendía para esa fecha ya había regresado de los Estados Unidos. Se ha revisado la lista de graduados del New York College of Dentistry entre 1867 y 1878, pero no se ha encontrado el nombre de Echemendía. También se han revisado sin éxito alguno las listas de graduados de Columbia University, donde varios cubanos y cubanoamericanos estudiaron en el siglo XIX. Queda por determinar qué estudios realizó Echemendía en los Estados Unidos y dónde los hizo.

Pero hay un dato en la propia obra bibliográfica de Trelles consultada por Fraga León que nos hace pensar en una posible residencia de Echemendía y su esposa en Matanzas. Dice Trelles que Echemendía colaboró con *El Progreso*, un periódico matancero, entre 1886 y 1888 (Trelles 1927: 72). El mismo Carlos Manuel Trelles nació y creció en Matanzas en 1866. No es iluso pensar que en la casa del niño Carlos Manuel se recibían los periódicos locales. Habría que suponer que el joven Carlos Manuel tenía la red intelectual que su clase social privilegiada le permitía en esa ciudad de provincia. Por eso, no es de extrañar que esa información revista una enorme importancia. De la misma manera, la anotación manuscrita que hace Trelles en el *Diccionario biográfico cubano* de Francisco Calcagno, donde agrega las fechas de 1893 y 1898 como posibles años de muerte de Echemendía, ofrece confiabilidad.

¿«Deberes del poeta»: una utopía para Echemendía?

¿En qué sentido la escritura afrodescendiente de Echemendía se inserta en una tradición normativa hispanodescendiente y católico centrada? ¿Responde Echemendía a las expectativas escriturales de los autores antiesclavistas y abolicionistas como Suárez y Romero o se distancia de ellas? Este poeta afrodescendiente es mucho más que un hábil versificador. Se trata de un hombre culto que se plantea los temas y problemas propios de la cultura de su tiempo. Se podría decir que conocía los textos programáticos de sus contemporáneos acerca de la poesía. Uno de los textos programáticos más representativos de la lírica romántica cubana del siglo XIX es precisamente el breve ensayo «Deberes del poeta» de Suárez y Romero. Este texto nos permite trazar una línea nítida de la normativa poética que la intelectualidad antiesclavista y abolicionista hispanodescendiente proponía como articuladora de los valores románticos de la escritura. La carta de su esposa Dolores Susane revela que, al menos en el caso de Suárez y Romero, tanto ella como Echemendía sí estaban familiarizados con este texto poético-normativo en específico. Por eso, se utilizará el texto «Deberes del poeta» para configurar una caracterización de la normativa antes mencionada.

Aunque no parece que Anselmo Suárez y Romero haya conocido la obra de Echemendía. El autor de *Francisco* en su *Colección de artículos* publica un texto que se convierte en una especie de poética del romanticismo abolicionista cubano. Uno de sus primeros planteamientos es que

> tantas escenas como suceden y se reproducen perennemente entre nosotros, más a propósito para inspirar lúgubres elegías. (Suárez y Romero 1859: 115)

Frente al canto a la naturaleza que es propio del romanticismo literario, Suárez y Romero propone también mirar a esos momentos que evocan «lúgubres elegías» en el campo cubano. Aunque de manera directa no se menciona el horror de la esclavitud, qué otra cosa podría empañar la belleza idílica de esa naturaleza cubana. Está por tanto entre los deberes del poeta visualizar esa realidad, de acuerdo con la concepción poética de Suárez y Romero. Más adelante, añade:

> mas para mí debe tenerse en mayor estima un canto donde luzca el amor a la humanidad que otro donde no se descubra al poeta que se ha acordado dentro de ella, de lo que tiene a su alrededor y de cómo será el porvenir. (1859: 118)

Esta normativa poética del romanticismo poético de Suárez y Romero tiene una correspondencia en la práctica lírica de Echemendía. El paisaje y los temas amorosos no borran la conciencia ética de la poesía de Echemendía, aunque su compromiso social e identitario no sea muchas veces evidente. Se apreciará en el epígrafe donde se hace una panorámica de la poesía afrodescendiente que la escritura de esta comunidad identitaria en el siglo XIX suponía un conjunto de estrategias orientadas a burlar la normatividad socio-cultural impuesta por los valores católico-centrados e hispanodescendientes. En el caso de Suárez y Romero, la crítica al genocidio de la esclavitud es una parte imprescindible de la escritura romántica del siglo XIX cubano, como cuando afirma:

> empero no aparten nunca sus ojos de los otros hombres que viven a su lado, y derramen por Dios en sus heridas algunas gotas de bálsamo (1859: 118)

Ese imperativo ético es también a los ojos de Suárez y Romero un absoluto religioso, que el poeta-escritor debe servir e integrar en su propia escritura. Por tanto, hay una diferencia entre la escritura afrodescendiente que se analizará más adelante, en el epígrafe siguiente, y la propia del discurso literario abolicionista porque esta última persigue ser explícita en su agenda política y social. Pero la escritura afrodescendiente debe buscar maneras que la hagan viable en una sociedad normada por los valores católico-centrados e hispanodescendientes. Suárez y Romero también reflexiona acerca de la función misma del poeta:

> Yo iré errado, amigo mío; algunos pensarán lo contrario; dirán que me dejo dominar por bellas ilusiones, imposibles de realizar en el mundo; que la vida es amarga y preciso llorar; que el poeta no ha nacido para consolar, sino para lamentarse más que los otros por el hecho mismo de que siente más; que no ha de convertirse en filósofo, porque las graves meditaciones de este no suenan bien en su lira; que darse a enjugar las lágrimas del prójimo, es buscar adrede las pesadumbres. (1859: 118-119).

Esa función del poeta debe diferenciarse, según Suárez y Romero, de las propias del filósofo en un contexto intelectual en el cual las polémicas filosóficas inundaban y protagonizaban la ciudad letrada de su época. Pero de la misma manera que Suárez y Romero especula sobre estos temas de la escritura, también impone su propia norma de corrección en lo literario sin tomar en cuenta las necesidades y los imperativos de una comunidad autoral, como la afrodescendiente, que debe resistirse a los valores de la sociedad en la cual vive. En este sentido las poéticas literarias de la época de Echemendía, como es el caso de este ejemplo analizado aquí de Suárez y Romero, se distancian de su propia agenda escritural. Esa distancia procede de las diferentes identidades y herencias de Suárez y Romero y Echemendía, pero también proviene de diferentes posiciones de poder frente a la estructura social decimonónica en Cuba. En resumen, se podría afirmar que la escritura afrodescendiente y la abolicionista comparten una misma inquietud, pero difieren en las estrategias escriturales. Se ha hablado aquí de la instrumentalización que los contemporáneos a Echemendía hicieron de la escritura afrodescendiente y de esa misma instrumentalización de la crítica literaria posterior que los descartó en términos de su valoración estética en cuanto autores románticos. Pero un análisis de los principios de esta ortopoética de Suárez y Romero revela que Echemendía los conoció, pero los asumió de una manera creativa. Ese diálogo con la obra de Suárez y Romero no implica una imitación o un seguimiento ciego de esa ortopoética hispanodescendiente decimonónica. Se trata del mismo diálogo que probablemente tuvieron otros autores hispanodescendientes.

Literatura antiesclavista (siglos xviii y xix)

La literatura afrodescendiente, en un contexto en el cual la esclavitud es un instrumento de genocidio, es por definición misma un manifiesto antiesclavista. Esa característica antiesclavista inherente a la escritura afrodescendiente no es necesariamente un manifiesto de denuncia explícito, pero es una denuncia en sí misma solamente por el hecho de existir. La instrumentalización de la poesía afrodescendiente por parte de los hispanodescendientes contemporáneos fue útil y necesaria, pero esa comunidad intelectual que los instrumentalizó los redujo a ese valor de denuncia que la crítica posterior llevó a extremos. Valorar la literatura afrodescendiente decimonónica en términos de su estética romántica no implica quitarle su estatus ontológico de antiesclavista, pues por el mero hecho de existir el texto denuncia el genocidio de otros seres humanos sólo por su herencia familiar.

Se impone una necesaria revisión a las tendencias en las cuales se insertan los discursos antiesclavistas en los siglos xviii y xix. Aunque los textos dieciochescos no se suelen considerar, la primera manifestación literaria contraria a la esclavitud en Cuba está asociada a la literatura catastrofista del siglo xviii. Dentro de este grupo temático de textos sobresalen dos: *Trágica descripción, que bosquexa la momentánea lamentable desolación de la mui noble y mui leal ciudad de Santiago de Cuba, causada por el horrendo terremoto* (1766) (Gutiérrez Coto 2008a: 10-12) y *Poètica Relazion Christiana, y Moral, con Exemplares de las Divinas, y Humanas Letras* (1768) (Gutiérrez Coto2008c: 68-81). En ambos, las catástrofes naturales son vistas a la luz de la teología cristiana como un castigo por los pecados, y uno de esos pecados a los que se alude en los textos mencionados es la esclavitud. Esa conciencia de culpa social supone una conciencia antiesclavista, aunque no se trate de temas propiamente abolicionistas en el sentido estricto (Gutiérrez Coto 2009b: 31, 43-44).

El año de 1838 resulta clave por la puesta en circulación del manuscrito con la autobiografía del poeta esclavo Juan Francisco Manzano y su posterior publicación en Inglaterra, en 1840. El impacto del caso Manzano en los círculos intelectuales se hizo sentir con la escritura de la novela *Francisco* (1838-1839), de Anselmo Suárez y Romero, que no se publica hasta 1880, y la *Colección de artículos* (1859). El matrimonio Echemendía y Susane se acercó a esa tradición literaria antiesclavista. La poeta Pérez de Zambrana le solicita en una carta a Suárez y Romero:

> También ruego a usted encarecidamente que nos dé el placer de leer a ella y a Echemendía, que ya está aquí, su novela *Francisco*, su admirable y sublime novela *Francisco*, que estoy segura dejará una huella eterna en estas dos almas grandes, profundas, y educadas en esa misma escuela de lágrimas. (véase «Carta a Suárez y Romero...» en los Apéndices de este volumen)

En esa misma carta, Pérez de Zambrana trata de organizar una lectura privada del manuscrito de *Francisco* por el propio Suárez y Romero. Hasta donde se sabe –por una nota manuscrita del mismo Suárez y Romero en la carta de Pérez de Zambrana en la que afirma que nunca llegó a conocer en persona a Susane–, esa lectura privada para Ambrosio Echemendía y su esposa nunca se realizó. Téngase en cuenta que la primera edición póstuma de la obra de Suárez y Romero no aparece hasta casi una década después de la fecha de este documento. Por tanto, el matrimonio Echemendía y Susane estaba al tanto de la literatura antiesclavista y abolicionista que circulaba manuscrita en Cuba.

También se fecha en 1839 el relato *Petrona y Rosalía* de Félix Tanco y Bosniel, y la primera edición de *Cecilia Valdés* de Cirilo Villaverde aparece en la revista *La Siempreviva* en 1839, y la segunda se imprime ese mismo año en formato de libro (Luis 1988: 187-193). No obstante, hay una distancia temática en términos de las ideas abolicionistas entre las primeras versiones de *Cecilia* y la edición definitiva de 1882 en Nueva York. Una de las primeras novelas publicadas sobre el tema de la esclavitud en Cuba fue *Sab* (1841), de Gertrudis Gómez de Avellaneda. La necesidad de una narrativa antiesclavista estaba en la mira de los abolicionistas cubanos, como fue el caso de José Manuel Mestre, quien realizó una traducción de la *Cabaña del Tío Tom* adaptada a la realidad cubana que nunca llegó a ser publicada:

> Y cuando algo más tarde, en el año de 1852, recibió de manos de don José de la Luz el primer ejemplar que llegó a la Habana, introducido por D. Santiago Spencer, del portentoso libro que con nombre de *Uncle Tom's Cabin* dio pronto la vuelta al mundo […] sin reparar en la magnitud de la empresa y la escasez del tiempo de que podía disponer para llevarla a cabo, determinó traducir al castellano, imprimiéndole en lo posible color local, aquella obra monumental. […] Se le dio al libro un nuevo título, escogiéndose el de «Taita Tomás», con que se creyó hacerlo más atractivo a los lectores cubanos. Se cambiaron en cuando fue posible los vocativos empleados en el texto original por los negros esclavos por los de «niño» y «niña», «mi amo», «mi ama» y otros, que eran los usados en la Isla de Cuba. (Rodríguez 1909: 76-77)

Lamentablemente, Mestre envió su manuscrito para impresión a Nueva York, donde fue rechazado; en la actualidad se desconoce el destino de esa traducción de la célebre novela, que sería sin dudas una de las primeras realizadas al español. Pero el intento de Mestre subraya la necesidad insular de una narrativa antiesclavista y abolicionista. Unos años más tarde se publican dos textos en Cuba que tratan de llenar esa necesidad de los discursos nacionalistas: el cuento «El Ranchador» (1856), de Pedro José Morillas, y *El negro Francisco* (1871), de Antonio Zambrana, cuñado de la poeta Luisa Pérez de Zambrana. De modo que la obra de Ambrosio Echemendía debe entenderse como insertada en esa tradición literaria, a la que él mismo se acercó, como se documenta aquí a través de las cartas de Pérez de Zambrana y Susane. Igualmente, se puede apreciar una incipiente conexión con las ideas abolicionistas de los Estados Unidos. Nótese al respecto el vínculo con la figura de José Manuel Mestre, quien a su vez, como se prueba en la sección de documentos, facilitó y apoyó el viaje de estudios de Ambrosio Echemendía a los Estados Unidos.

En esta revisión de la literatura antiesclavista se han mencionado autores que también pertenecen a la literatura afrodescendiente. Se hace entonces imprescindible establecer una diferencia en términos de qué se entiende aquí por literatura antiesclavista y la literatura afrodescendiente. Esta última categoría es una parte de la primera –que también incluye la literatura abolicionista, que es la que tiene como intención explícita promover políticas contrarias a la esclavitud a través de la denuncia de ese genocidio que sufría la población africana y su diáspora–. La literatura abolicionista es igualmente antiesclavista, y por lo tanto un autor como Manzano puede ser clasificado como afrodescendiente y alguna obra suya, como los *Apuntes biográficos*, puede ser considerada además abolicionista. En cambio la literatura afrodescendiente, en cuanto escritura de la diáspora africana en Cuba, tiene sus propias estrategias escriturales identitarias, que no se centran necesariamente en la denuncia del genocidio. La literatura antiesclavista puede ser afrodescendiente o abolicionista, y en algunos casos estas dos tipologías pueden encontrarse en un mismo texto.

Panorámica de la poesía afrodescendiente (siglo XVIII)

Ya hacia el siglo XVIII se tienen testimonios de autores afrodescendientes como es el caso de Santiago de la Barrera o el poeta que se identificaba con el pseudónimo M.G. Igualmente, aparecen otras formas de composiciones poéticas de carácter popular a las que se le ha señalado una influencia africana, como el «Chuchumbé» (Baudot & Águeda Méndez 1987), que circulaba entre los puertos de La Habana y Veracruz mientras era perseguido por la Inquisición. También aparece una poesía de carácter ritual y festiva.

No se puede dejar de mencionar aquí al poeta y bibliotecario José Manuel del Socorro Rodríguez (1758-1819). En este último caso, su afrodescendencia supone una polémica incluso hoy en día (Torres Revelló 1947: 2). Otros investigadores defienden su mestizaje español y nativo americano (Sedeño Guillén 2012: 285-313). La polémica se apoya en el hecho de que el propio José Manuel del Socorro negaba una probada herencia africana, aunque sus propios contemporáneos lo percibieran como afrodescendiente. No obstante, a pesar de esta diferencia de opiniones, no podemos dejar de mencionarlo como un potencial autor afrodescendiente cuya genealogía está por estudiarse en los archivos cubanos.

En el caso de Barrera, se puede afirmar que es el primer poeta afrodescendiente del que se tiene noticia segura hasta el momento y cuyo nombre es conocido. Santiago de la Barrera visitó entre septiembre y octubre de 1789 la corte de Carlos IV. De su autoría son los siguientes versos:

> Os digo que sois
> Lucero el más refulgente
> Y sois tan resplandeciente
> Como una luz de la Aurora
> Y desde la misma hora
> Que la corona gozáis
> Sois majestad con respeto

> Con un requisito más
> Que en el día tenéis gracia
> Que nadie os podrá igualar
> Sois soberano y algo más
> Sois pulido y muy discreto
> Pues en todo sois perfecto
> Majestad no os digo más
> Majestad. Yo juro al cielo
> Por vida de que es verdad
> Que sois la mayor deidad
> Que ha puesto Dios en la tierra
> Y si alguna por envidia
> Quisiera decir algo o tanto
> Reyna de España en primores
> No se encontrará ni aun tanto
> Puedo decir que en España
> Ni en el mundo hay otro tanto
> Son los primores crecidos
> Que bien puedo ya decir
> Pues que me amparáis a mí
> Nadie me podrá afligir
> Señora de Gracia me dais vestido
> Os suplico que sea entero
> Que me den también la capa
> Con las medias y el sobrero.
> (Portuondo Zúñiga 2008: 75-76)

Como se puede apreciar en los versos anteriores, se trata de un autor de poesía popular que improvisa y que carece de la cultura letrada que tienen autores afrodescendientes como Ambrosio Echemendía. Echemendía, a pesar de que también improvise en ocasiones, está insertado en el movimiento intelectual de su época. No toda la literatura afrodescendiente cubana escrita durante el período colonial responde a la cultura popular, como es el caso del dieciochesco poeta Barrera.

Otro texto poético, con toda seguridad afrodescendiente y del siglo XVIII, se dio a conocer en La Habana en 1789 como parte de las fiestas por el ascenso al Trono de Carlos IV. En esa ocasión hubo una procesión de diferentes comunidades en la ciudad, en la que estuvo representado el gremio de pardos y en cuyo carro del desfile aparecía un soneto que José Severino Boloña compiló en su *Colección de poesías arreglada por un aficionado a las musas* (1833). Se trata de dos poemas –un romance octosílabo y un soneto endecasílabo– que aparecen firmados con las iniciales M. G. Mucho se podría especular acerca de la autoría de esos textos, que aparecen acompañados de ciertas acotaciones de representación teatral que ejecutaría el carro conmemorativo como parte del desfile. Se sabe, además, por el breve prólogo al primer volumen de José Severino, que se trata de una compilación de impresos sueltos poéticos que publicó en su imprenta durante el siglo XVIII y los primeros años del siglo XIX. El impreso original estaría dedicado a los integrantes del gremio de pardos, que seguirían con su lectura las instrucciones teatrales que acompañan los poemas. Se trata, de hecho, de los primeros textos poéticos afrodescendientes impresos en Cuba y en el área del Caribe. Estos textos, junto a la obra de Barrera antes mencionada, constituyen lo más representativo de la lírica afrodescendiente del XVIII. En el romance se observa un tono grandilocuente que es propio de la lírica asociada a las fiestas públicas urbanas de ese tipo:

> Suspended las liras de oro,
> Suspended los plectros finos:
> Cese un poco vuestro canto,
> Agradable coro mío.
> ¡O sabio congreso amado!
> Un breve silencio os pido,
> Para que después volváis
> A vuestro canto melifluo.
> Si, hermosas hijas, yo quiero
> Un asunto más divino,

Un argumento más alto
Daros hoy. Ea, pues, oídlo.
Sobre el Trono de la España,
Piadoso el Cielo ha querido
O, Sentar a CARLOS y LUISA,
Nietos de Felipe Quinto.
Basta; pues con esto solo
Todo el mérito ya he dicho
De esos generosos Reyes
De esos dos astros lucidos
Que a las Ciencias y a las Artes,
Con sus influjos benignos,
Protegerán altamente,
Ufanos y complacidos:
Pues les viene por herencia
El sacrificar activos
Todo su amor a Minerva,
Y a nuestro Helicón florido.
Ellos bebieron también
De aquel soberano rio,
Que iba los iberos campos
Convirtiendo ya en elíseos.
El grande CARLOS TERCERO
No ignoráis es el que os digo,
Pues el renombre de sabio
Justamente ha merecido.
No murió este buen Monarca,
No, musas, porque en su hijo
Lo gozan los españoles,
Siempre amable, siempre el mismo.
Tampoco la ilustre Amelia
Ha muerto, porque yo miro
En Luisa el propio carácter
Dulce, humano y aun divino.
Ambos, pues, son las delicias,
El embeleso, el hechizo,

La gloria, el timbre, el laurel,
Hoy del reino Tubalino.
Ea, cantad, cantad sus nombres,
Euterpe, Polimnia, Clío,
Melpómene, Urania, Urato,
Templad vuestros plectos finos.
También vosotras, Calíope,
Y Terpsícore, es preciso,
Que con Talía entonéis
Nuevas odas, nuevos ritmos.
Cantad de CARLOS y LUISA
El reinado esclarecido,
Que al de Jano y de Saturno
Aventajará en los brillos.
La edad santa, el siglo de oro
De la España (no fingido
Como lo inventó la Grecia)
Aplaudid en dulces himnos.
Celebrad a estos Monarcas,
Que el sagrado amor ha unido
Sobre la cumbre del Trono,
Para el glorioso designio.
De que las Ciencias y Artes,
Con esplendor nunca visto,
Progresen para más honra
De nuestro triunfante Pindo.
Y tú, alígero Pegaso,
Extiende hoy, aún más festivo,
Tus alas, y al firmamento
Elévate peregrino.
Sube a la celeste esfera,
Y entre sus brillantes signos
En caracteres de oro
Coloca nombres tan dignos.
Tú también, fuente Castalia,
Tú, Hipocrene, con más brío

Tus clarísimas corrientes
Desata en compases lindos.
Sí, Aganipe, suelta, suelta
Tus raudales cristalinos,
Que al Ganges, Hérmo y Pactolo,
Y al Tajo dejan corridos.
Derrama copiosamente
Tus aguas, con regocijos,
Sobre los campos iberos,
Y llénalos de prodigios.
Últimamente o parnaso
¡O Monte sagrado mío!
Yo Apolo, tu presidente,
Te mando muy complacido:
Que tus palmas y laureles
Tus rosas y blancos lirios,
Desgajes para guirnaldas
De ese jefe esclarecido:
Que de Minerva y de Marte
Honrando los dos destinos,
Hace que en la Habana toda
Reine el perfecto equilibrio:
Haciéndose respetar,
Y amar con tan dulce hechizo,
Que su nombre para todos
Es lo mismo que un Domingo.
También, ilustre senado,
Mereces que Apolo mismo
Tu lealtad y ardiente celo
Aplauda en obsequios dignos:
Y que te desee amoroso
Los blasones más lúcidos,
Al ver como a LUISA y CARLOS
Has celebrado festivo.
En fin, con tu amado jefe
Gózate siempre tranquilo;

Y vosotras, musas sabias,
Repetid que víctor, víctor.
(Boloña 1833: 257-260)

Por si el anterior romance no fuera bastante alarde de excelente retórica neoclásica, otra parte de la representación teatral del carro usado durante esa fiesta urbana habanera de 1789 era el siguiente soneto:

Hoy el gremio de pardos complacido,
Lleno de amor, en víctores ufanos,
Celebra de sus nuevos soberanos
La exaltación al trono esclarecido:
Al Trono ibero, donde el Cielo ha unido
En LUISA y CARLOS dos primos hermanos,
Nietos de aquel que dio a los castellanos
Tres Reyes que el laurel han merecido.
Vivan, dicen, los célebres Borbones,
Nuestros dignos señores naturales,
Y sus nombres respeten las naciones:
Cantad sus glorias, signos celestiales,
Y tú, o ilustre Jefe, estas acciones
Recibe amante de unos pechos leales.
(Boloña 1833: 261)

Por último, la tradición etnográfica cubana compila textos poéticos de origen ritual o festivo de las comunidades afrodescendientes que se pueden datar en el siglo XVIII. Es el caso de «Cantos de cabildo», «Canto congo de cabildo para tres tambores» y «Cantos de comparsa ta Julia», compilados por Ramón Guirao. Un ejemplo de esta tipología poética es el siguiente «Canto de cabildo»:

Piqui, piquimbín,
piqui, piquimbín;
tumba, muchacho,

> yama bo y tambó.
> Tambó ta brabbo.
> Tumba, cajero.
> Jabla, mula.
> Piqui, piquimbín,
> piqui, piquimbín.
> Pa, pa, pa, práca,
> prácata, pra, pa.
> Cucha, cucha mi bo.
> (Guirao & Arozarena 1970: 1-3)

En este último caso se puede apreciar que se trata de un intento de acompañar la percusión musical de las celebraciones; por si esto último no fuera suficiente, se puede ver el texto «Canto congo de cabildo para tres tambores»:

> –¿Elo güire? ¿Elo güire?
> Su messé, la cabayero,
> dipénseme la molettia;
> ba jablá poco cuetto,
> ni so cosa de mietto
> ni biene co la lía
> congo de brujilía.
> Yo mimo soy cabanga,
> mimo cheche lucuanda.
> ¡Yambo chiriquí engunde!
> Movimbe prende lengua
> Tambó manda suppende…
> ¡Cautibo, casa malo!
> ¡Engó teramene!
> Jabre cutu guiri mambo.
> ¡Engó teramene!
> Jabre cutu guiri diambo
> ¡Engó teramene!
> Jabre cutu guiri dinga.

¡Engó teramene!
Jabre cutu muana inquén diame.
¡Engó teramene!
(Escuche, escuche
Su merced, el caballero
dispénseme la molestia
voy a contar un cuento
corto no es cosa de miedo (?)
ni vengo con el lío
de los congos de brujería
Yo mismo soy cabanga
yo mismo soy cheche lucuanda
Yambo chiriquí engunde (?)
Movimbe aprende la lengua
Manda suspender el tambor
Cautivo én la casa mala
¡Engó teramene!
abre los oídos y escucha el canto
¡Engó teramene!
Abre los oídos y escucha al Espíritu
¡Engó teramene!
abre los oídos y escucha lo que digo
¡Engó teramene!
abre los oídos, mujer
¡Engó teramene!)
(Guirao & Arozarena 1970: 2-4)

Estos dos últimos textos ofrecen ciertas características que proceden de la oralidad de la comunidad que los compuso, pero en «Cantos de comparsa ta Julia» ese reflejo del habla de la comunidad resulta muy explícito. De la misma manera, la palabra comparsa implica también el contexto festivo para el cual se utilizaban estas composiciones. Si bien no se trata de textos exclusivamente escritos como poemas, representan una de las tres líneas de la poesía afrodescendiente dieciochesca, que es la lírica popular. En el caso de «Cantos de comparsa ta Julia» hay una dimensión religiosa –se conjura al diablo que Julia debe matar–. Esa intensión del texto se inserta dentro de las expectativas hispanodescendientes-católicas de la sociedad de ese momento:

>   –¿Qué diablo son ese?
> pregunta e mayorá
> Mira diente d'animá,
> mira fomma ne roccá
> mira sojo d'ese nimá,
> ¿candela ne párese?
> ¿Qué nimá son ese
> que ne párese majá?
> Ta Julia mimo ba matá
> (¿Qué diablos es eso?
> pregunta el mayoral
> mira los dientes del animal
> mira la forma en que él
> está enroscado mira
> los ojos de ese animal
> ¿candela ellos parecen?
> ¿Qué animal es ese
> que él parece majá
> Ta Julia mismo lo va a matar)
> (Guirao & Arozarena 1970: 3-6)

Tampoco faltan los cantos de trabajo, como el que se centra en la producción de leña, una alternativa más barata al carbón para cocinar los alimentos en aquella época. Aquí se aprecian igualmente algunos rasgos propios de la oralidad de esa comunidad en el siglo XVIII:

> Dondó jachero
> pa un palo.
> Palo tá duro,
> jacha no cotta.

Palo tá brabbo
Quién son ése?
Si palo no jocuma
Yo sé quiebra jacha
Bamo he quien pué má.
Dondó jachero
pá un palo.
Gayo cambia bo.
Tu jabla y no conose.
(Guirao & Arozarena 1970: 1)

Por tanto, la poesía afrodescendiente del siglo XVIII está marcada por tres líneas fundamentales. La primera se apega a los rituales propios de la sociedad colonial y su normatividad hispanodescendiente. Esta tendencia se asocia con la poesía de autor; véase, por ejemplo, a Barrera y el enigmático poeta que firmaba como M. G. La segunda línea se asocia a las festividades y rituales propios de la misma comunidad, en los cuales se aprecia una intención lingüística más cercana a la oralidad afrodescendiente de aquellos que no tuvieron acceso a una educación formal. La tercera línea se refiere a la poesía popular, perseguida por las estructuras de poder colonial como el «Chuchumbé». Igualmente, estas dos últimas líneas o tendencias tenían en común su carácter anónimo.

Panorámica de la poesía afrodescendiente (siglo XIX)

Aunque buena parte de la crítica literaria se ha centrado en la praxis poética de los poetas de la vanguardia del siglo XX, es posible establecer una línea de ruptura y continuidad entre la poesía afrodescendiente decimonónica y la obra de autores paradigmáticos de esa identidad en la primera mitad de la pasada centuria. Se impone una necesaria panorámica de los tópicos esenciales de estos autores. Para el presente análisis se han seleccionado otros dieicisiete poetas afrodescendientes que podrían complementar el conjunto de la obra de Echemendía y ofrecer una visión panorámica de la literatura de la diáspora africana en Cuba.

La obra de la poeta afrodescendiente Juana Pastor incluye un grupo de poemas aparecidos también en la *Colección de poesías arreglada por un aficionado a las musas* (1833), compilada por José Severino Boloña. Esta última colección reúne textos de diferentes años, probablemente publicados como sueltos con anterioridad. Calcagno publica su *Diccionario* en 1878 y nos dice que escribió «de últimos del siglo pasado» (486). Pero, a pesar de este dato, se la ha incluido en la sección del siglo XIX porque los poemas compilados aquí por José Severino Boloña están fechados en 1815. Eso hace a Pastor una figura esencial para caracterizar la lírica afrodescendiente en el cambio de siglo. En la *Colección* aparecen sus «Décimas», junto a otros poemas donde destaca la preocupación por defender su identidad de género y de mujer intelectual:

> Compadezco del impío
> Me lastimo del inepto,
> Doy incienso al predilecto,
> Y del soberbio me río:
> También sagaz me desvío
> Del grosero rasgador
> Que infiero viole mi honor,
> Mas siempre con fe sencilla
> Por saber soy su costilla;
> Que es fuerza le tenga amor.
> (Boloña 1833: 117)

Pastor se empeña en mostrar su propia reacción frente a las críticas a las que se ve sometida por su condición de mujer educada, pero no se puede descartar la posibilidad de que esa misma reacción pueda leerse en términos de una defensa de la mujer afrodescendiente frente a una sociedad en la cual se la estigmatizaba. La estrofa citada refleja la necesidad de la autora de reivindicar su identidad frente a las críticas socio-clasistas de su época.

A principios del siglo XIX, aparece en París otro poeta afrodescendiente cuyos poemas se imprimen en la Francia de Bonaparte. Se han seleccionado aquí dos textos que reflejan el gusto por lo exótico de Laureano Pérez y Santa Cruz. A pesar de la ingenuidad y el poco refinamiento del verso de Pérez y Santa Cruz, el primer texto, «Sobre la jirafa», llama la atención por su fascinación frente a la fauna africana, que para un poeta de la diáspora en el Caribe resultaría imposible de ver:

> Yo he visto a la jirafa
> Tiene un color bonito:
> Parada sobre de paja
> Sin gracia el animalito.
> También tiene su cuernecito;
> Como buey las pezuñitas;
> Bien largo es el pescuecito,
> Todavía tiene otras cositas
> Pero ya para informe basta,
> De que he visto a la jirafa.
> (Pérez y Santa Cruz 1832: 12)

Entre todas las posibles descripciones que podrían llamar la atención del poeta afrodescendiente, la fauna exótica africana traída a la metrópoli colonial francesa lo conecta con la patria perdida de sus ancestros. Otro poema breve sobre su experiencia en París:

> No he visto en ninguna parte
> Hecha de cañones coluna,
> Como la que hizo Buenaparte
> Para adorar su fortuna.
> (Pérez y Santa Cruz 1832: 14)

Nuevamente, la versificación de Pérez y Santa Cruz es simplista, pero en términos temáticos se interesa por la experiencia que le ofrece Francia como alternativa a la rígida sociedad española de la Cuba colonial. Una reflexión similar a la de Juana Pastor se puede apreciar en el soneto «Treinta años», del poeta Juan Francisco Manzano:

> Cuando miro al espacio que he corrido
> desde la cuna hasta el presente día,
> tiemblo, y saludo la fortuna mía,
> mas de terror que de atención movido.
> Sorpréndeme la lucha que he podido
> sostener contra suerte tan impía,
> si tal puede llamarse la porfía
> de mi infelice ser, al mal nacido.
> Treinta años ha que conocí la tierra;
> Treinta años ha que en gemido estado
> triste infortunio por do quier me asalta.
> Mas nada es para mí la cruda guerra
> que en vano suspirar he soportado,
> si la calculo ¡oh Dios! Con la que falta.
> (Friol 1977: 11)

La posición de Manzano acerca de su experiencia como sujeto subalterno afrodescendiente se refleja en el poema a través de palabras o frases que revelan una autoconciencia de su condición: «tiemblo», «terror», «mal nacido», «triste infortunio», «cruda guerra» o «vano suspiro». Se mantiene la autoconciencia de subalternidad que se vio anteriormente en Pastor, pero sin la interseccionalidad de género y herencia cultural que esta poeta ofrece. Otro poema donde aparece esa misma necesidad de afirmar una identidad afrodescendiente es el soneto «Fatalidad» de Gabriel de la Concepción Valdés, conocido como Plácido:

> Negra deidad que sin clemencia alguna
> De espinas al nacer me circuiste,
> Cual fuente clara cuya margen viste
> Maguey silvestre y punzadora tuna;
> Entre el materno tálamo y la cuna
> El férreo muro del honor pusiste;
> Y acaso hasta las nubes me subiste,
> Por verme descender desde la luna.
> Sal de los antros del averno oscuros,
> Sigue oprimiendo mi existir cuitado,
> Que si sucumbo a tus decretos duros,
> Diré como el ejército cruzado
> Exclamó al divisar los rojos muros
> De la santa Salem… «¡Dios lo ha mandado!»
> (Valdés 2010: 36)

Esa reflexión poética acerca de la sacralización de su identidad por el lado materno, que Plácido describe como «negra deidad», se acompaña de una serie de metáforas vegetales como «maguey silvestre» o «punzadora tuna». Por otro lado, la referencia histórica, típica del romanticismo, a los cristianos que conquistan Jerusalén durante las Cruzadas supone volver la mirada al pasado y muestra, también, un deseo de refinamiento literario al combinar el pasado con la reflexión de su propia historia personal. La conciencia de lo afrodescendiente se ofrece desde su propia condición mestiza, realzando el componente de su ancestría africana. Esa misma experiencia dolorosa que se aprecia en Pastor y Manzano reaparece en las décimas «Tener hambre y no comer», de Juan Antonio Frías:

> Para vivir felizmente
> en la sociedad suntuosa
> tiene que ser cautelosa
> el alma más inocente:
> Con pompa varia, esplendente

> ha de vestir, sin querer;
> y a ese brillo sostener
> es a mi pecho sensible
> diez mil veces preferible
> tener hambre y no comer.
> (Grajales Melián & Villavicencio Simón 2016: 79)

Si bien la rima fácil revela una poesía aparentemente menos culta que la de Plácido, la autoconciencia de su marginalidad dentro de la sociedad hegemónica de la Cuba del XIX se puede encontrar en la interseccionalidad de la clase social y la propia experiencia afrodescendiente. Esa misma conciencia de clase se puede apreciar en poemas de Nicolás Guillén como «Negro bembón», de *Motivos de son* (1930), donde el conflicto de clase se expresa de manera similar. Esta última conexión refleja una continuidad en la conciencia literaria afrodescendiente que trasciende las fronteras temporales, aunque no se pueda establecer una relación de influencia directa entre Frías y Guillén. La poesía afrodescendiente decimonónica en Cuba no sólo presenta esta conciencia de clase, sino que también es consciente de la situación política del país. José Martí recoge en las páginas del icónico periódico *Patria* este soneto del joven poeta afrodescendiente José María Martínez:

> Ese ramo de palma cimbradora,
> Que un genio abarca en la siniestra mano,
> Simboliza la patria del cubano,
> Tierra infeliz que entre cadenas llora
> Mas también en la diestra vengadora
> Tremola el pabellón americano,
> Anunciando la ruina del tirano
> Y los albores de la libre aurora.
> En vano el opresor, llame en su abono,
> Las nieblas del funesto oscurantismo,
> Persiguiendo a los genios con encono.

La ilustración combate al despotismo,
Y ya los lanza del sangriento trono,
A los horrendos antros del abismo.
(Martí 1992: 215)

La descripción de Martí de este joven es extensa y ofrece, al mismo tiempo, un perfil personal:

> Pues ese soneto –dijo González– es de un niño de Bejucal, de un niño de quince años, de un cubano mulato, José María Martínez. Era «mochila» todavía el pobre aprendiz; «cogía tripa» en la tabaquería. ¿Cultura? ¡ninguna! Unas tías suyas, morenas, lo enseñaron a leer. Su amigo era Nicolás, esclavo de los Márquez. Un cubano de progreso llegó allí, un señor Lescano, y tenía un álbum con las páginas orladas de emblemas tropicales, y versos buenos en todas ellas. Nicolás le servía de criado, y como dijo que José María hacía versos, Lescano quiso que le escribiese una página donde había un genio, con las palmas en una mano, y la bandera americana en la otra. Y José María haló de la pluma, y escribió, a los quince años, ese soneto. Luego, rompía todo lo que escribía: era una angustia vérselo hacer: era como un nihilismo del corazón. Le tachó el censor unas décimas de indios que hizo para *El Ariguanabo* que publicaba un Valdés en San Antonio de los Baños, y desde entonces rompía cuanto escribía «porque el censor todo me lo mata: son los hijos de mi alma, y no los quiero ver falsificados».
> Martínez, a los quince años, no era menos que genio. Lo mismo en poesía, que en pintura, que en música. Él fue el autor de «El Capitán», un drama en tres actos, y aquel poeta natural tuvo que dar la obra a tres conocidos para que le pusieran la ortografía. Juan Clemente Zenea lo criticó, y le halló poder. Era triste verlo, porque siempre estaba triste. Pasaba por las calles de Bejucal como una sombra: por la calle Real, por donde iba pocas veces, por la plaza de la iglesia, por el rincón de la terrera, deshecho como su corazón. El cuerpo, cómodo, era como para hombre feliz; pero en la luz desolada de la frente se le veía el alma irremediable. Murió de la asfixia colonial, de la estrechez, de la pena.
> (Martí 1992: 215-216)

Aun cuando es autor de uno de los textos más representativos del independentismo cubano, por alguna razón este poeta afrodescendiente no aparece en las antologías paradigmáticas de la poesía mambisa. Este caso es un ejemplo de una necesaria revisión del canon poético decimonónico que no sólo lo haga más inclusivo, sino que también evalúe los textos en términos de su pertinencia real. ¿Por qué razón un autor como este ha sido ignorado como parte del canon? ¿Acaso porque sea un poeta menor? No se trata de un poeta menor. Si bien su obra conocida es escasa, eso no le resta valor al soneto que aquí se incluye.

Francisco Muñoz del Monte, dominicano de origen, escribió y vivió en Cuba:

> Tú no eres blanca, mulata,
> ni es oro puro tu pelo,
> ni tu garganta es de plata,
> ni en tus ojos se retrata
> el divino azul del cielo.
> Pero tu pupila ardiente
> como el Vesubio se inflama,
> y gota a gota se siente
> por tu mejilla candente
> escurrir de amor la llama.
> Y so tu labio morado
> luce el diente su blancura,
> como el volcán abrasado
> ve en su cráter apagado
> cuajarse la nieve pura.
> (Muñoz del Monte 1845: 9)

Como es de prever, la figura de la mujer mestiza formó parte de los discursos líricos de la literatura afrodescendiente. A pesar de esa fetichización de la mujer afrodescendiente desde una mirada masculina, también es posible encontrar autoras afrodescendientes con una mirada diferente del cuerpo femenino. Es el caso de «El último amor de Safo» de Mercedes Matamoros:

I.
Safo a Faón
¡Vengo a ofrecerte mi mayor tesoro!
¡Vengo a brindarte mi glorioso encanto!
¡La que recoge de mi amor el llanto!
¡La que te dice sin cesar: te adoro!
¡Es mi lira! La dulce lira de oro
con que tu hechizo irresistible canto;
¡cuyos himnos en gozo y en quebranto
son ruiseñores que te forman coro!
En ella enlazo notas y colores,
porque a tus plantas elocuente sea
símbolo de mi vida y mis amores;
¡que es en mis manos la vibrante lira,
flor que se abre, llama que chispea,
onda que ruge, cisne que suspira!
[…]

III.
La declaración
¡Tras la cita de ayer, por el camino
voy con el corazón regocijado,
hallando en cuanto miro, retratado
¡oh, Faón, tu semblante peregrino!
Veo en el clavel tu labio purpurino,
tu blanca frente en el jazmín nevado,
tus ojos son el cielo abrillantado,
y el sol refleja tu mirar divino!
¡Mas recuerdo tu voz! Y no hay murmullo
de brisa musical, o grato arrullo
De onda pura, ni tímido reclamo,
que puedan igualarse al blando acento
con que al oído, en celestial momento,

> trémulo me dijiste: –¡Yo te amo…!
> (Matamoros 2004: 109-110)

Más allá de la polémica que desataron estos versos (véase Camacho 2018), es indudable lo atrevido de su contenido para una mujer cubana nacida en el siglo XIX. Esta conciencia de la libertad de género en Matamoros, que se ve con anterioridad en Pastor, adquiere una dimensión de responsabilidad frente a la afrodescendencia en Cristina Ayala:

> Ya es tiempo raza querida
> que, acabado el servilismo,
> demos pruebas de civismo
> y tengamos propia vida.
> Ya es tiempo de comprender
> –pues está probado el hecho–
> que es imposible el Derecho,
> si no se cumple el Deber.
> Y, lo que el Deber nos traza
> en tan solemne momento,
> es, redoblar el intento
> de mejorar nuestra raza.
> No es la raza negra, no;
> aunque en tal sentido se hable;
> la que ha de ser responsable
> de «aquel tiempo que pasó».
> Pero no puede eludir
> la responsabilidad
> que es suya en la actualidad,
> para con el porvenir.
> Que si todos por igual
> –sin que haya rémora en eso–
> buscamos en el progreso
> nuestra perfección moral
> tal vez tengamos la gloria

> para que el mundo se asombre,
> de consignar nuestro nombre
> con honra y prez en la Historia.
> Y si tal éxito alcanza
> el noble esfuerzo que haremos
> el estigma borraremos
> que la Sociedad nos lanza.
> (Ayala 1926: 23)

No faltan tampoco improvisadores de décima poco conocidos, como es el caso del barbero camagüeyano Agustín Moya –en su caso, entre los límites de lo legendario y lo histórico:

> Aquí Dolores Rondón
> finalizó su carrera
> ven mortal y considera
> las grandezas cuáles son:
> el orgullo y presunción,
> la opulencia y el poder,
> todo llega a fenecer
> pues solo se inmortaliza
> el mal que se economiza
> y el bien que se puede hacer.
> (Méndez Martínez 2018: 33)

Otro autor imprescindible para establecer una panorámica de la lírica afrodescendiente decimonónica es Manuel Roblejo, quien dedica un poema a Ambrosio Echemendía, como evidencia el pseudónimo que da título al poema, «A Macsimo Hero de Neiba»:

> Poeta, si un eco amigo
> Halla lugar en tu pecho
> Y recibes con agrado
> Un amistoso recuerdo;
> Oye la voz de un hermano

Que acá vejeta en el centro...
El cual por tu cambio eleva
Votos de gracias al cielo.
En el campo de la prensa
Vi nacer el pensamiento
Que en tu favor iniciaron
Los amantes del progreso.
Y desde entonces seguí
Con interés verdadero,
En su marcha progresiva,
El iniciado proyecto.
Y un *hosanna* fervoroso
Alcé al Hacedor Supremo
Cuando tu ascenso social
Llegó a mi conocimiento.
Que nadie aprecia mejor
El valor cabal de un hecho,
Que aquel que está al realizarse...
Ocupando el mismo puesto...
Tú en las márgenes del Táyaba
Cobraste el primer aliento
Y allí de tu sacro numen
Brillara el primer destello.
Yo del Tínima en la orilla
Henchí de aromas mi pecho
Y tuve a falta de numen,
Amor a lo grande y bello.
Tú rompiste a cantar
Inspirado por el genio,
Con que al nacer te dotara
Un soberano decreto.
Y a parodiar principié
Los dulces trinos del plectro,
Sirviéndome para el caso
El ígneo influjo del estro.
Al oír tus compatriotas

> Los acordes de tu plectro,
> Redimirte decidieron
> De tu injusto cautiverio.
> Y al confiarle yo a la prensa
> Mis destemplados lamentos,
> También a romper mis cuerdas
> Mis compatriotas corrieron.
> Pero hasta aquí no mas llega,
> Bardo, nuestro paralelo;
> Tú eres libre, yo cautivo:
> Acatemos el decreto…
> (Roblejo 1867: 46-47)

Este poema difiere de manera sustancial de otro, escrito por uno de sus contemporáneos, que no entiende la condición afrodescendiente de la escritura de Echemendía y tiene una actitud completamente diferente (Valdés 2010: 26-28). En el caso de Roblejo, que también escribe desde la misma condición de poeta que sufre la esclavitud, entiende la libertad de Echemendía como un «ascenso social» frente al «injusto cautiverio». Se refiere a Echemendía como «amigo» y «hermano», al tiempo que expresa sus «destemplados lamentos» y se queja de estar «cautivo» y de tener «cuerdas» que lo atan. Esa condición afrodescendiente se expresa incluso en la cuidadosa selección léxica del poema, como cuando escoge la palabra «cuerdas» en lugar de «cadenas» u otras similares que describirían con mayor dramatismo la injusticia social de la esclavitud. Otro elemento que podría considerarse como definitorio de esa lírica afrodescendiente decimonónica en el caso de Roblejo es la referencia a la comunidad antiesclavista, a cuyos miembros describe como «amantes del progreso» y «compatriotas». La espléndida sofisticación del lenguaje de Roblejo lo distingue de otros poetas afrodescendientes del siglo XIX con menor instrucción literaria y cuya literatura denota una formación más popular, como es el caso de Frías. Esta diversidad de registros poéticos en la escritura afrodescendiente debe ser explorada en el futuro con más detenimiento. Por último, otro aspecto no menos pertinente con relación a la escritura afrodescendiente es la necesidad de establecer su fe religiosa de una manera que no impacte lo central de la sociedad católica en la Cuba de la época. En el caso de Roblejo, esa estrategia resulta visible en la expresión «Hacedor Supremo», que podría reflejar también cierta afiliación a la masonería, enfrentada al catolicismo y vinculada a las ideas del independentismo y el abolicionismo en la Cuba decimonónica, si bien la expresión –ambigua en términos de masonería y catolicismo– aparece allí relacionada con la palabra *hosanna*, que pertenece a la liturgia del judaísmo y el cristianismo. Una auténtica voz del sujeto subalterno puede hallarse en el poema «El Congo y el guachinango», de Vicente Silveira:

> Querido Antonio Guzmán,
> Este cuento te dedico,
> En lo cual hacia ti, chico,
> Pruebas de mi afecto van.
> Ahora tiempo en un ingenio
> Cierto esclavo Congo había
> Que por brujo se vendía
> Y no le faltaba genio.
> De su ciencia en testimonio
> Al que oídos le prestaba
> Dos mil hechos relataba
> Dignos del mismo demonio.
> Contaba que una ocasión
> Curó un individuo etiópico,
> De más de un año de hidrópico,
> Y le sacó del vientre un tiburón
> Del vientre: también contaba,
> Que le hizo morir un sujeto,
> Tan solo porque, en secreto,
> De su ciencia desconfiaba.
> Que a un joven enamorado

De una muchacha muy bella,
Y que se miraba de ella
Totalmente despreciado,
Le dio una rosa, este luego
Dio a la muchacha la rosa,
Y desde entonces la hermosa
Profésole un amor ciego
Con estas y otras patrañas,
Propias de los hechiceros,
A sus pobres compañeros
Les chupaba las entrañas.
Tanto era lo que robaba,
Que para la cantidad,
Precio de su libertad,
Ya muy poco le faltaba
Por su mal llega a la finca
Un *guachinango*, trasluce
Su comercio, se introduce
Y amistad con él intrinca.
Y se llegaron a amar
De tal manera los dos
Que se juraban por Dios
No volverse a separar.
Más el guachinango un día
Dijo a su fiel compañero:
–Que tú tengas tu dinero
Enterrado, es tontería,
Yo que soy blanco si quieres…
Y antes de seis meses, Congo,
Serás libre, si no mueres.
El brujo sin responder,
Desenterró su dinero
Y se lo dio al compañero;
Pero no lo volvió a ver…
Personas de mucho rango
En las ciudades habitan,

> *Que cuando al Congo no imitan*
> *Imitan al guachinango.*
> (Silveira 1874: 23-24)

El breve relato en verso recoge la historia de un curandero afrodescendiente que reunió dinero para comprar su libertad, y refiere también que el mexicano o guachinango (Ramos i Duarte 1895: 281) y el curandero afrodescendiente esclavo mantienen una relación que se describe en estos términos: «se llegaron a amar / de tal manera los dos / que se juraban por Dios / no volverse a separar» (Silveira 1874: 24). La propia narración de alguna manera estigmatiza como falso ese amor entre el curandero y el mexicano, pues este último sólo perseguía utilizar al esclavo a través de esa relación afectiva. Esa estigmatización de los hombres interesados en relaciones homoafectivas reaparece también en otros dos autores, Echemendía y Rosales. El primero tiene el poema «Epigrama»:

> Dígame U., *D. Lilito*;
> Tan pulcro como aparece
> Con su femenil prurito,
> A qué sexo pertenece?...
> Tan ambiguo proceder
> Causa más de una cuestión!...
> Vamos, es hombre o mujer,
> Es camisa o camisón?...
> (Echemendía 1865: 97)

Rosales, en un texto más extenso titulado «¡¡Así dicen los muchachos!!», también aborda el tópico:

> Se cuenta de un menestral,
> algo crédulo y *marica*,
> un caso, que testifica
> su mansedumbre genial;
> Era tan inocentón,

que sus propios aprendices
burlábanse en sus narices
hasta de su diserción.
(Rosales 1872: 59-60)

Echemendía, Rosales y Silveira tienen en común la necesidad de subrayar su apego a los discursos heteronormativos católicos e hispanodescendientes de la época. Silveira, además, da voz al curandero a través de su narración, en la que un esclavo anónimo de una plantación o ingenio se convierte en protagonista del texto, pero como parte de esa necesidad de insertar su escritura en una sociedad donde los hispanodescendientes están en el poder y la catolicidad es la norma ética dominante, siente el imperativo discursivo de estigmatizar las prácticas médico-religiosas de origen africano que sobrevivían en la población africana y afrodescendiente. Así, al referirse al curandero, recurre a construcciones como «patrañas» o «por brujo se vendía», o dice que sus hechos eran «dignos del propio demonio». Pero al mismo tiempo reseña la actividad de este esclavo de origen congolés como «ciencia», y afirma que «no le faltaba genio». Esa dualidad para describir la habilidad médico-religiosa de un sujeto subalterno revela una estrategia común en la escritura afrodescendiente decimonónica cubana, según la cual el sujeto lírico necesita distanciarse de su propia cultura para encajar dentro de la normatividad católico-hispanodescendiente, pero sin renunciar completamente a su propia identidad. Esa dualidad descriptiva implica cierto cimarronaje escritural, que ha sido estudiado previamente (véase Cairo Ballester 2005: 145). Como parte de esa diversidad temática de la poesía afrodescendiente decimonónica se hace imprescindible explorar detalladamente textos como «Al huracán», de Néstor Cepeda:

Ruge, huracán, y a tu explosión violenta
Tiemble la tierra en océano inmundo,
El Orco truene, inflámese iracundo

> El ígneo rayo y estallar se sienta.
> Si al universo desolar intenta
> La segur de tu brazo tremebundo,
> Yo cual piloto, sin pavor profundo,
> No temas, no, que naufragar me sienta.
> Ruge de polo a polo, y a porfía
> Rayo, temblor, tiniebla, al mundo lanza...
> Yo aguardo tras la tempestad bravía
> Lumbre feliz de próspera bonanza,
> Do, como el sol naciente, al cielo suba
> El astro nombre de mi patria Cuba.
> (Vitier & Feijóo & García Marruz 1978: 203-204)

A pesar de que el catastrofismo en la poesía dieciochesca puede asociarse a cierta mística católica del castigo por los pecados, incluso por el pecado social de la esclavitud, en este último caso el poema asume la tempestad como un motivo a través del cual reaparece la esperanza. En términos de la escritura afrodescendiente, se puede interpretar esa necesidad de un futuro diferente y mejorado que sigue a la catástrofe natural como una metáfora del genocidio de la población africana y de su diáspora a través de la esclavitud. La conciencia escritural afrodescendiente se manifiesta de muchas maneras, y la herencia familiar es una de ellas. Véase el fragmento del poema «Cuento de amores», de Antonio Rosales:

> Amé un tiempo una doncella
> con la fiebre del delirio...!,
> era blanca como el lirio
> y como Esther era bella,
> nombrábanla Mariquilla,
> y, aunque digna de una albarda,
> tenía *gramática parda*,
> era recelosa y pilla.
> La vi una tarde en la calle,
> esbelta como la palma,

y, sin impedirlo, el alma
se me fue tras de su talle.
Seguí sus huellas, febril,
rebosando en alegría,
como el que a la lotería
juega y saca los *cien mil*.
Llegaba el sol a Occidente
cuando llegamos los dos,
(el uno del otro en pos)
medio cansados al puente.
Yo, sin rodeos, visages
a más y mejor le hacía,
pero ella se entretenía
en ver pasar los celajes.
Su conducta casi inicua
en no quererme atender,
me hizo decirle: «mujer,
veo que no eres conspicua».
Y ella entonces hosca y ruda,
y con cierto aire de brío
me respondió: «señor mío,
yo ni soy sorda ni muda».
Su palabra me dio aliento,
y a quien ¡oh, caro lector!
Una voz de ruiseñor
no alienta y pone contento?
Dejé a un lado los visages
y me dirigí a la bella,
y de súbito dejó ella
de contemplar los celajes.
Al fin, la dije: «te quiero»
y la respuesta fue atroz,
tan brusca como la coz
de un cuadrúpedo cerrero.
Díjome: «¿qué se ha creío
el terco, el pesado, el lego?

Sepa de ahora pa luego
que es usté muy relambío».
Empero, aunque en su contesta
me infirió un enorme agravio,
se abrió de nuevo mi labio
para hacerle otra protesta.
La dije: «tú eres mi ideal,
mi vívida luz, mi aurora,
mi Fornarina, mi Flora,
mi rosa primaveral.
Te vi cruzar por mi calle
y al verte perdí la calma,
y, sin impedirlo, el alma
se me fue tras de tu talle.
Seguí tus pasos, y ardiente
suspiro por ti exhalé...
ámame, mujer, ya que
vine por tu talle al puente».
Se volvió a requerir ella,
pero yo volví a atacar
y, al cabo, logré triunfar
de la esquivez de la bella.
Juramos querernos mucho,
abandonamos el puente
y los dos, afablemente,
seguimos opuesto *chucho*[1].
Aquí hago punto... porque,
caro lector, me conviene,
pero en el canto que viene
la historia continuaré:
la continuaré, no es grilla,
y en ella veras, lector,
todo lo que, por amor,

---

[1] Significa en este contexto línea del tren (Pichardo 1875: 125).

me hizo sufrir Mariquilla.
(Rosales 1872: 125-127)

El texto aborda una temática pertinente a los constructos sociales de la Cuba decimonónica, esto es, las relaciones sexo-afectivas interraciales entre un hombre afrodescendiente y una mujer hispanodescendiente –un motivo que aparecía ya tematizado en *Sab* (1841), de Gertrudis Gómez de Avellaneda–. Un elemento relevante en este poema es la incorporación de la oralidad de la muchacha que pretende Rosales. La aparición de la oralidad insertada como parte de los poemas es también característica de la poesía de la vanguardia poética de la primera mitad del siglo XX en Cuba, y puede encontrársela en poetas como Emilio Ballagas, José Zacarías Tallet y Nicolás Guillén. En este caso, la oralidad es propia de una mujer hispanodescendiente, a la que Rosales califica como de «gramática parda», lo que implica que coloquialmente presenta rasgos lingüísticos que identifican a los mestizos. Después de un estudio detenido de cierta parte de la poesía de Guillén se sabe que, al menos en la muestra estudiada, la oralidad popular cubana no puede ser asociada con una herencia étnica o racial específica. La intuición de Rosales en este último aspecto coincide con los hallazgos académicos acerca de la peculiaridad lingüística de la poesía inicial de Guillén[2]. La hispanodescendiente del poema de Rosales tiene una «gramática parda», y es en esa medida que puede decirse que el poeta decimonónico también reconoce que el carácter popular de la oralidad no está asociado a la herencia racial o étnica. Es decir, una mujer española sin acceso a la educación puede hablar como los individuos nacidos en Cuba –sean de la diáspora africana o no– con un similar historial formativo, y en cambio un poeta con una cultura letrada como Rosales tiene una oralidad más apegada a la que los estereotipos lingüísticos de la época asociaban a la descendencia española. Rosales se cuestiona de manera irónica esos falsos

---

[2] Véase Gutiérrez Coto 2008b: 56.

estereotipos de la identidad lingüística propios de sus contemporáneos, que asociaban cierta pronunciación a una identidad étnica o racial concreta cuando en realidad estaba asociada a un estatus económico y social. En ese sentido, existió una lírica cercana a las normas ortoguillenianas de las que ya se ha hablado anteriormente, y este último poema es un buen ejemplo de ello. Pero al pertenecer a una mujer blanca Rosales viene a subrayar que esa oralidad, con la cual se estereotipaba a la comunidad afrodescendiente, estaba en realidad asociada a una clase social y no a una herencia étnica específica. De ahí que el uso de la expresión «gramática parda» para describir la oralidad de una mujer blanca implique también una crítica a la identificación exclusiva de ciertos rasgos de clase social con la comunidad afrodescendiente. Un caso particularmente interesante es el de José del Carmen Díaz, a quien se atribuye el poema «Cementerio del Ingenio»; Figarola-Caneda sostiene, en cambio, su autoría:

> Usé el autor este nombre supuesto, de igual modo que el de Moreno esclavo Narciso Blanco, para firmar composiciones en verso que publicaba como escritas por José del Carmen Díaz, poeta y negro esclavo, natural de Güines, y a fin de despertar el sentimiento abolicionista y recolectar la suma necesaria para manumitir a este, como lo llevó a cabo en 1879. (Figarola-Caneda 1922: 20)

Si bien Calcagno no lo incluye en su *Diccionario biográfico cubano* –en donde sí podemos encontrar, entre otros, autores afrodescendientes como Manzano, Plácido o Echemendía–, del Carmen Díaz aparece mencionado en su obra *Poetas de color*. A partir de la cita de Figarola-Caneda, la omisión del *Diccionario* de Calcagno y la inclusión en su volumen *Poetas de color*, cabe formularse algunas preguntas. ¿Por qué decidieron Calcagno y otros intelectuales afrodescendientes y abolicionistas iniciar una campaña –como se sabe, hubo una campaña real con ese propósito– para liberar a José del Carmen Díaz, si no se trataba de un poeta? ¿Se trataría acaso de poemas publicados sin la autorización del dueño de Díaz, y por esa razón Calcagno decidió crear esa identidad ficticia que poco a poco se fue revelando? ¿Habría escrito Calcagno algunos de los poemas firmados bajo el pseudónimo de Narciso Blanco? En el caso del poema «Cementerio del Ingenio» se ha asumido aquí la autoría de Díaz. La escritura afrodescendiente adquiere allí, por toda la complejidad de esas dinámicas autorales entre Calcagno y él mismo, una dimensión que trasciende los tópicos del romanticismo tardío decimonónico en Cuba:

> Veis el corral de piñones
> más allá de los bohíos
> donde cantan los judíos[3]
> melancólicas canciones?
> Allí veis unos montones
> de tierra, de aspecto serio,
> sin árboles, sin misterio
> ni cruz, ni flores, ni nada;
> venid, es de la negrada
> el humilde cementerio.
> [...]
> Esta primera, supongo,
> aunque de yerba cubierta,
> que es la pobre tumba incierta
> del anciano Juan el Congo:
> cuando a mirarla me pongo
> siento el alma conmovida:
> si en vuestro pecho se anida
> la piedad, llorad su suerte,
> porque la hora de su muerte
> fue la mejor de su vida.
> (Fraga León 2008: 109-110)

---

[3] Se refiere a un ave endémica de ciertas islas del Caribe como Cuba.

Cuando el poeta dice que para Juan el Congo «la hora de su muerte, / fue la mejor de su vida» está reflejando la problemática asociada a la esclavitud. El cementerio deviene metáfora del genocidio de aquellos que son sepultados sin que ni siquiera se los identifique de manera correcta, pues su individualidad ha sido borrada para siempre por la estructura de poder que los hizo subalternos. Cuando Díaz se duele de ese anonimato a través de la metáfora del espacio del cementerio de un ingenio azucarero, su escritura afrodescendiente evidencia una clara autoconciencia del genocidio. El poema resulta, sin duda, paradigmático con relación a la obra de los autores de la diáspora africana en el Caribe del siglo XIX. La conciencia de clase social y su impacto en la comunidad afrodescendiente reaparece en el texto «La pobreza», de Antonio de Medina y Céspedes:

> Llegó a las puestas de mi casa un día
> El cabello disperso, acongojada,
> Una débil mujer que recatada
> Con las manos el pecho se cubría:
> Por sus mejillas pálidas corría
> Un abundante llanto, y la cuitada
> Sin levantar su frente descarnada,
> Un ¡ay! lanzó que el corazón partía
> De un pánico terror sobrecogido.
> Y por darla un consuelo en su tristeza,
> La causa pregunté de aquel gemido:
> Y al instante me dijo: –A Dios implora
> Que su ayuda te dé... Soy la pobreza,
> Te vengo a consolar... conmigo llora...!
> (Grajales Melián & Villavicencio Simón 2016: 199)

La personificación de la pobreza supone la pertenencia a la clase económica a la cual pertenece Medina y Céspedes, que también se halla en la muestra seleccionada de Frías. No falta tampoco la literatura afrodescendiente que celebra los motivos hispánicos y propios de la misma estructura colonial, que son en parte una respuesta a la necesidad de alinearse con los valores dominantes para negociar su propio espacio de independencia creativa. Ese es el caso del soneto «A Colón», de Agustín Baldomero Rodríguez:

> Colón ilustre, genovés valiente
> Nauta impasible, pensador profundo,
> Tú que encontraste reducido el mundo
> Para abarcar tu genio omnipotente;
> Tú que surcaras el cristal rugiente
> Y del Bóreas el eco tremebundo,
> Como del trueno al rayo furibundo
> Siempre sentiste el corazón potente.
> ¿Quién más grande que tú? Solo tu nombre
> Fábula torna la severa historia,
> Y no hay un hecho que al mortal no asombre
> Si recuerda, coloso, tu memoria;
> Pues si un mundo creaste siendo hombre
> Cual justo ensancharás la misma gloria.
> (Valdés Codina 1918: 50)

El poema tiene una riqueza adjetival propia del romanticismo tardío cubano del siglo XIX, y hace gala de una perfecta arquitectura del verso. Aborda además un tema del pasado imperial español que refuerza la génesis de la estructura colonial. Este tipo de literatura que persigue imitar las normas impuestas por los valores imperialistas españoles ha merecido la crítica de historiadores e investigadores como Sergio Aguirre, quien en una carta privada le escribe a Nicolás Guillén a propósito de Plácido:

> en la integración de la nacionalidad cubana, en cubana «comunidad de cultura», veo a Plácido con jerarquía indiscutible de iniciador, en la vertiente negra, similar a la que habían presentado Zequeira o Rubalcava –o Arango y Parreño, José Agustín Caballero y Tomás Romay– cerca de medio siglo antes, en la vertiente blanca. Sí, amigo Nicolás. Aun-

> que Plácido fuera mulato clarísimo y aunque versificara ajustándose a moldes que no recordaban el África. Ningún blanco discriminador se equivocó entonces al asumir frente a él una actitud de rechazo. ¿Por qué habríamos de equivocarnos nosotros ahora negándole el negrismo o la vanguardia? (Arias 2003: 162)

La cita resume varios aspectos problemáticos, como el reconocimiento de una vertiente blanca y una negra cuando lo hispano en sí mismo no puede separarse de la propia experiencia de interacción con el norte de África, y sobre todo cuando la cultura cubana se fundamenta en un mestizaje cultural a partir de las diásporas española y africana, junto a muchas otras. Ese maniqueísmo racial de Aguirre subraya un tema que resulta pertinente al presente panorama de la poesía. Se trata de la crítica que hace Aguirre de Plácido por escribir «ajustándose a moldes que no recordaban el África», o lo que es peor, porque su herencia africana no era tan fuerte como a él le gustaría. La segunda objeción no merece la pena comentarse en cuanto supone cierto determinismo racial con la producción cultural que no tiene sentido en el pensamiento contemporáneo. La primera objeción, en cambio, es una de las razones por la cual la producción lírica de los autores afrodescendientes no ha sido valorada en su justa medida por la historiografía literaria. Como la conexión literaria entre la vanguardia poética cubana de principios del siglo XX, encarnada por Nicolás Guillén, y la cultura africana fue tan evidente y rica, esta relación se impuso a manera de juicio de valor literario. Luego, toda la producción poética afrodescendiente del siglo XIX que no expresaba ese vínculo con África de manera tan evidente fue ignorada por la crítica y la historiografía literarias. A pesar de que es posible, como hemos visto, hallar temas y estrategias inherentes a la escritura afrodescendiente decimonónica, no se valora a un poeta afrodescendiente romántico por el hecho de su propio valor en cuanto paradigmático del romanticismo: existe el juicio predeterminado de que debe escribir exclusivamente desde su ancestría africana, sin tener en cuenta que ese sujeto diaspórico debe también asumir su condición subalterna en la sociedad donde vive. La afiliación de un poeta afrodescendiente a una corriente estética como el romanticismo no implica un rechazo a la propia condición subalterna frente al poder económico y político. No se puede mirar el siglo XIX y pensar que la vanguardia fue mejor cuando se trata de dos hechos artísticos y estéticos diferentes. Ojalá las presentes reflexiones contribuyan a reevaluar progresivamente la escritura afrodescendiente decimonónica.

A partir de este conjunto de autores se puede trazar un panorama de la escritura afrodescendiente decimonónica cubana, si bien resulta necesario advertir que la presente selección de textos está sujeta a futuras revisiones y ampliaciones de este canon literario. También es necesario señalar, para evitar confusiones en los lectores interesados en estos temas, que aun cuando alguna bibliografía señala a Narciso Blanco como poeta afrodescendiente (Fraga León 2009: 38), se trata en realidad de un pseudónimo que es, al mismo tiempo, una identidad literaria ficticia adoptada por el escritor hispanodescendiente Francisco Calcagno, el autor del célebre volumen *Poetas de color*. Se considera aquí a Narciso Blanco como una identidad literaria ficticia porque el propio Calcagno lo define como un poeta esclavo, y es por eso que, a pesar de que esa identidad ficticia de Calcagno es mencionada por algún investigador como otro potencial autor afrodescendiente, no ha sido incluido en la presente selección.

Más allá de la presente panorámica, queda también por ofrecer al lector interesado una buena antología que compile los veintinueve poetas conocidos hasta el momento. Esa futura antología debería ofrecer una diversidad mayor de temas y problemas relativos a la escritura afrodescendiente que la presente introducción crítica no puede abordar de manera exhaustiva, porque la finalidad última en estas páginas es esbozar los temas y las estrategias que aparecen también en la obra de Echemendía.

Una agenda para un canon decimonónico

Hablar de escritura afrodescendiente decimonónica en Cuba usualmente implica, para un lector actual, pensar en Juan Francisco Manzano, en Plácido o en Matamoros, que son los tres poetas más conocidos. La carencia de ediciones contemporáneas de autores afrodescendientes no implica que no exista esa comunidad autoral, y es por eso que se impone una definición del canon literario de esta particular identidad.

El primer intento en la tradición literaria cubana de compilar la obra de poetas afrodescendientes cubanos lo debemos al novelista Francisco Calcagno, quien en 1878 publicó su volumen *Poetas de color*. En las primeras décadas del siglo XX, con la publicación de *Motivos de son* de Nicolás Guillén, se inició un movimiento cultural afrocubano en la literatura y el arte que perseguía rescatar las raíces de la diáspora africana en Cuba. Como parte de ese movimiento, en 1927 el bibliógrafo cubano Carlos Manuel Trelles publicó en la revista *Cuba contemporánea* su «Bibliografía de los autores de la raza de color», un trabajo imprescindible para el estudio de los autores afrodescendientes en el siglo XIX. Otros empeños también esenciales para su estudio son la antología *Órbita de la poesía afrocubana, 1928-1937*, de Ramón Guirao, que compila también textos de la tradición afrodescendiente durante la dominación colonial española en Cuba, y algunos testimonios de carácter etnográfico-literario publicados en la segunda mitad del siglo XX, como *Biografía de un cimarrón* de Miguel Barnet y *Reyita* de Daisy Rubiera, que ofrecen información de primera mano de afrodescendientes. Existe por tanto una bibliografía de carácter antológico que aparece junto a los discursos etnográficos, pero se impone un rescate del canon literario afrodescendiente decimonónico. El presente volumen pretende, precisamente, otra aproximación a esta problemática. Hay que añadir que la cuestión del canon afrodescendiente cubano decimonónico es común a la situación de toda la literatura de la diáspora africana en la literatura en América Latina (Jackson 1997: 70-75).

Con relación a la literatura afrodescendiente decimonónica hay que reconocer el importante hito de la publicación de *Suite para Juan Francisco Manzano* (1977), del investigador y poeta Roberto Friol, y de *Flor oculta de la poesía cubana* (1978), de Cintio Vitier y Fina García Marruz. En fecha reciente, el investigador triniteño Yansert Fraga León publicó el volumen *Poetas esclavos en Cuba. El trinitario Ambrosio Echemendía*[4], donde se compilan en los anexos varios poemas de Ambrosio Echemendía y de otros poetas. Más allá de la mera información biográfica de que estos poetas fueron esclavos en algún momento de su vida, habría que considerar sus nexos con el movimiento intelectual cubano y su valor real como textos que se insertan en la tradición literaria del romanticismo antiesclavista y abolicionista.

Es posible sin dudas encontrar varios nombres de escritores afrodescendientes en la Cuba del siglo XIX, pero sólo unos pocos escribieron literatura de ficción y de ellos sólo unos pocos tienen una obra lo bastante extensa para ser considerados parte del canon literario caribeño decimonónico. Juan Francisco Manzano, Mercedes Matamoros y Gabriel de la Concepción Valdés, «Plácido», son extremadamente conocidos y estudiados, pero no ocurre lo mismo con otros autores. La reducción del canon de la poesía afrodescendiente decimonónica a las figuras de Manzano, Matamoros y Plácido puede explicarse por las antologías cubanas de ese período, que privilegiaron la obra de estos autores (véase Mullen 1998: 435-440). Pero además de Plácido, Manzano, Matamoros y Echemendía, existe un conjunto de autores afrodescendientes con obra publicada en el siglo XIX. La selección que se propone aquí tuvo como punto de partida la obra de Carlos Manuel Trelles y nuestra confirmación de que se trata de autores que publicaron en vida al menos una colección de poemas. Los autores cuya obra impresa he confirmado personalmente son siete; ninguno de ellos ha sido reeditados ni se dispone de una adecuada edición crítica de su obra:

---

[4] Existen dos ediciones cubanas, una de 2008 y otra de 2009, pero no hay diferencia entre ellas y se trata más bien de una reimpresión.

1. Antonio Medina Céspedes [1824-1885] (1851): *Poesías*. La Habana: Imprenta de «El Faro».
2. Agustín Baldomero Rodríguez [1826-1862] (1857): *Pucha silvestre*. Villa Clara: Imprenta «La Alborada».
3. Vicente Silveira [1841-1924] (1874): *Flores y espíritus*. La Habana: Imprenta de Evaristo Valdés.
4. Antonio Rosales (1872): *Murmurios del Sagua*. Sagua la Grande: Imprenta «El Comercio».
5. Manuel Roblejo (1867): *Ecos del alma*. Puerto Príncipe: Imprenta de Don Rafael García.
6. Laureano Pérez y Santa Cruz (1832): *Poesías líricas, por el moreno habanero*. París: Imp. De Decourchaut[5].
7. Francisco Muñoz Monte (1880): *Poesías*. Madrid: Imp. y Fundición de M. Tello.

En los casos de Silveira, Muñoz Monte y Rosales es posible hallar versiones digitales de sus textos respectivos. Otros autores con obra publicada pueden verse en la lista de poetas afrodescendientes cubanos del siglo XIX que aparece al final de este volumen y que recoge un total de veintinueve autores. La presente edición se propone llenar un vacío bibliográfico para el caso de Echemendía y ampliar, al mismo tiempo, el *corpus* de escritores decimonónicos cubanos afrodescendientes. Ojalá en fecha cercana se cuente también con una edición crítica adecuada de la obra de los cinco poetas antes mencionados. También sería excelente poder ubicar algunos de los poemarios que refiere el bibliógrafo Carlos Manuel Trelles y cuya existencia no he podido confirmar para la presente edición. Por último, se posee una extensa prensa (Trelles 1927: 65-74) de la diáspora africana en la Cuba decimonónica que debe explorarse para poder delinear el canon de la escritura afrodescendiente de una manera más efectiva.

---

[5] Se ha consignado la segunda edición (Estrade 1996: 67), aunque hay una edición anterior.

Aproximaciones críticas e historiográficas

Para concluir, cabe preguntarse cuál es el estado actual de la bibliografía sobre el tema. Si se excluyen los estudios y ediciones críticas acerca de Juan Francisco Manzano, Mercedes Matamoros y Plácido, la bibliografía sobre la poesía afrodescendiente del siglo XIX se reduce sustancialmente. No obstante, conviene revisar cuáles han sido las tendencias críticas e historiográficas que han redundado en cierto silencio investigativo de la poesía de la diáspora africana en la Cuba decimonónica. En términos de la producción de la crítica y la historiografía literarias, los estudios se han centrado sobre todo en los modos de representación de los afrodescendientes y los africanos traídos a Cuba a través de la trata de esclavos, mas no en la cultura producida por estos grupos sociales.

También se percibe cierta primacía de la narrativa sobre la poesía, es decir, se puede apreciar una preeminencia de lo narrativo dentro de los estudios literarios. Quizás por eso la representación de los sujetos de origen africano en la novela y el cuento decimonónicos han recibido una atención extensa, mientras que los estudios panorámicos de su equivalente poético escasean en la literatura crítica. Si bien la representación literaria de los sujetos subalternos es extremadamente pertinente, este tipo de estudios han relegado a un segundo plano la necesidad de establecer una diferencia entre una mirada afrodescendiente de su propia comunidad y una mirada que folkloriza o instrumentaliza el sujeto subalterno.

La vanguardia literaria en su tendencia afrocubana se propuso destacar su propia valía literaria al rastrear en la Cuba decimonónica un precedente escritural que se consideraba imperfecto e incompleto, y cuya plenitud sólo se alcanzó a través de los experimentos lingüísticos de la poesía de Guillén, por sólo citar un ejemplo.

Otros estudios valiosos para abordar la poesía de la diáspora africana en Cuba durante el siglo XIX los debemos al investigador afrodescendiente Armando Guerra, cuyo estudio sobre la presencia negra en la poesía popular cubana del siglo XIX se publicó como folleto en 1938, y al año siguiente en una versión para la revista especializada *Estudios afrocubanos*[6]. También de Guerra es el folleto *Vicente Silveira, patriarca de los poetas de occidente* (1921). Otro autor afrodescendiente interesado en rescatar el canon poético decimonónico fue Carlos Alberto Cervantes, quien publicó *Plácido y Cristina Ayala: Disertación histórico-crítica, leída en la noche del 28 de junio de 1927*. Guerra pronunció varias charlas en el Club Atenas, fundado en 1917 con la idea de aglutinar las élites afrodescendientes en Cuba (Fernández Robaina 1995: 37-45). Cervantes, por su parte, fue conferencista en la Unión Fraternal, una de las organizaciones civiles de afrodescendientes más grandes de Cuba en la primera mitad del siglo XX. Otro texto crítico pertinente es el volumen *Antonio Medina, el don Pepe de la raza de color* (1938), de la también escritora e investigadora afrodescendiente Angelina Edreira de Caballero, hija del insigne mambí, político y periodista Juan Gualberto Gómez. Se trata, por tanto, de un grupo de valoraciones críticas que forman parte de las estrategias de rescate de las raíces culturales de esa misma comunidad, lo cual subraya su valor identitario. En la primera mitad del siglo XX, y al mismo tiempo que los poetas de la vanguardia cubana se interesaban por desarrollar una expresión lingüística que reflejara sus inquietudes y búsquedas identitarias, la comunidad afrodescendiente se preocupaba por rescatar y estudiar su pasado.

En la segunda mitad del siglo XX abundan los estudios sobre la poesía de la diáspora africana en Cuba, pero el texto de mayor pertinencia para el canon lírico afrodescendiente decimonónico es *Lo negro y lo mulato en la poesía cubana* (1971), de Ildefonso Pereda Valdés. Otro estudio de valor es el artículo «El negro en la poesía cubana» (1981), de Salvador Bueno, aparecido en la *Revista de la Biblioteca Nacional de Cuba*. Además de la *Revista de la Biblioteca Nacional*,

---

[6] El texto de Guerra fue en su origen una conferencia pública en la Sociedad de estudios afrocubanos.

otro espacio esencial para la bibliografía sobre el tema fue la *Revista de literatura cubana*, que dio a conocer dos textos capitales: «Frías, poeta esclavo de Puerto Príncipe» (1987), de Gustavo Sed Nieves, y «En los orígenes inciertos de la poesía negra cubana: Laureano Pérez y Santa Cruz» (1995-1996), de Paul Estrade.

En la presente centuria tenemos los artículos «El poeta esclavo Juan Antonio Frías y su contribución a la identidad» (2006), de Saulo Antonio Fernández Núñez, y «Cuatro "poetas de color" en la crítica literaria publicada por la prensa colonial de Santiago de Cuba» (2018), de Iván Gabriel Grajales Melián[7], ambos publicados en la revista *Islas*. Otras contribuciones esenciales son los volúmenes *Poetas esclavos en Cuba: el trinitario Ambrosio Echemendía* (2008 y 2009), de Yansert Fraga León, y *Un poeta esclavo en Puerto Príncipe* (2005), de Saulo A. Fernández Núñez. También merece la pena señalar el artículo «Heroísmo y conciencia racial en la obra de la poeta afrocubana Cristina Ayala» (2016), de María Alejandra Aguilar Dornelles, y la disertación «La mujer en defensa de la mujer: voces femeninas del romanticismo cubano (Poesía y cuento)» (2001), de Luis Marcelino Gómez, quien dedica un abundante espacio a la poesía de Juana Pastor. Por lo tanto, además de Plácido, Matamoros y Manzano, sólo otros siete poetas afrodescendientes –Ayala, Pastor, Frías, Echemendía, Medina, Silveira y Pérez y Santa Cruz– han merecido el interés de la crítica y la historiografía literaria contemporáneas, si bien la lista que publicamos a continuación ofrece una relación de veintinueve poetas. La literatura crítica se ha ido interesando poco a poco en el rescate de la escritura afrodescendiente decimonónica. Queda por tanto un enorme esfuerzo de rescate, estudio y evaluación del *corpus* de esta literatura, pero la revisión bibliográfica de los textos dedicados a poetas que no sean los icónicamente instrumentalizados durante el siglo XIX –Manzano, Matamoros y Plácido– tiene tres etapas delineadas aquí. En la primera mitad del siglo XX prima la crítica que procede

---

[7] El texto de Grajales Melián se ocupa de la obra de Medina y de Frías.

de la misma comunidad afrodescendiente. Durante la segunda mitad del siglo, en cambio, una crítica literaria hecha por autores que no pertenecen a la diáspora africana se interesa por algunos autores de manera aislada, y por último en la presente centuria puede apreciarse una especie de *boom* en las investigaciones sobre el tema, aun cuando todavía resulte insuficiente si se toma en cuenta la lista de autores que aparece a continuación.

LISTA DE POETAS AFRODESCENDIENTES (SIGLO XIX)

Esta lista se ha redactado sobre la base de la experiencia investigativa del autor de la presente edición. La única finalidad de esta relación de poetas es unificar un conjunto de fuentes diversas y, en algunos casos, de difícil acceso.

1. Juana Pastor (Calcagno *Diccionario*, 486 & Trelles, 33) *
2. Juan Francisco Manzano (Calcagno *Diccionario*, 403 & Trelles, 33) *
3. Gabriel de la Concepción Valdés, Plácido (Calcagno *Diccionario*, 510-512 & Trelles, 33)*
4. Laureano Pérez y Santa Cruz (Estrada, 62-75 & Trelles, 33)*
5. Juan Bautista Estrada (Calcagno *Diccionario*, 269) **
6. Antonio de la Cruz (Trelles, 33) **
7. José Mercedes Betancourt (Trelles, 34) **
8. María Cristobalina Consuegra (Trelles, 35) **
9. Antonia Cepeda (Fonseca-Díaz & Pino-Reina, 16) **
10. Lucrecia González Consuegra (Fonseca-Díaz & Pino-Reina, 16) **
11. Rafael Serra (Trelles, 37) **
12. Agustín de Moya (Méndez, 33) *
13. Juan Antonio Frías (Fernández Núñez «El poeta esclavo», 152-171 & Trelles, 34)*
14. Manuel Roblejo (Trelles, 35)*
15. Vicente Silveira (Calcagno *Diccionario*, 597 & Trelles, 35)*

16. Néstor Cepeda (Vitier y García Marruz, 202-204) *
17. Antonio Rosales (Calcagno *Diccionario*, 557) *
18. José del Carmen Díaz (Trelles, 36)*
19. Antonio de Medina y Céspedes (Calcagno *Diccionario*, 412 & Trelles, 34) *
20. Agustín Baldomero Rodríguez (Calcagno *Diccionario*, 550 & Trelles, 34) *
21. Ambrosio Echemendía (Calcagno *Diccionario*, 597 & Trelles, 34) *
22. Cristina Ayala (Aguilar, 197-202) *
23. Mercedes Matamoros (Poumier, 23-24) *
24. Francisco Muñoz Monte (Ruscalleda Bercedón, 34) * Este último, a pesar de ser dominicano, hizo su obra literaria y vivió en Cuba.
25. Justo Villafañe (Trelles, 38) **
26. Chicho Lagrolet (Trelles, 40) **
27. Francisco Gonzalo Marín (Trelles, 40) **
28. José María Martínez (Martí *Obras* Tomo 7, 2015) *
29. Severiano de Heredia (Henríquez Ureña, 317-322) **

* Se incluye en la sección «Panorama de la poesía afrodescendiente cubana en el siglo XIX» que integra el estudio introductorio a la presente edición.
** No se incluye en la sección «Panorama de la poesía afrodescendiente cubana en el siglo XIX» que integra el estudio introductorio a la presente edición. No se han encontrado hasta el momento de la publicación de este volumen poemas de este autor.

Bibliografía

Abreu Arcia, Alberto (2017): *Por una Cuba negra: literatura, raza y modernidad en el siglo XIX*. Madrid: Hypermedia.

Aguilar Dornelles, María Alejandra (2016): «Heroísmo y conciencia racial en la obra de la poeta afrocubana Cristina Ayala». En *Meridional. Revista chilena de estudios latinoamericanos* 7: 179-202.

Anderson, Thomas F. (2017): *Carnival and National Identity in the Poetry of Afrocubanismo*. Gainesville: University Press of Florida.

Arias, Salvador (2003): «La poesía del primer romanticismo cubano (1820-1844)». En Romero, Cira (ed.): *Historia de la literatura cubana*. Volumen 1. La Habana: Letras Cubanas, 152-175.

Arnedo-Gómez, Miguel (2016): *Uniting Blacks in a raceless nation: blackness, Afro-Cuban culture, and Mestizaje in the prose and poetry of Nicolás Guillén*. Lewisburg: Bucknell University Press.

— (2006): *Writing Rumba: The Afrocubanista Movement in Poetry*. Charlottesville: University of Virginia Press.

Ayala, Cristina (1926): *Ofrendas mayabequinas*. Güines: Imp. Tosco Heraldo.

Badiane, Mamadou (2012): *The Changing Face of Afro-Caribbean Cultural Identity: Negrismo and Négritude*. Lanham: Lexington Books.

Barnet, Miguel (2018): *Biografía de un cimarrón*. La Habana: Casa de las Américas.

Baudot, Georges & Águeda Méndez, María (1987): «El Chuchumbé, un son jacarandoso del México Virreinal». En *Cahiers du Monde Hispanique et Luso-Brésilien* 48: 163-171.

Boloña, José Severino (ed.) (1833): *Colección de poesías de un aficionado a las musas*. Volumen 2. La Habana: Oficina de José Boloña.

Brock, Lisa & Castañeda Fuertes, Digna (eds.) (1998): *Between Race and Empire: African-Americans and Cubans Before the Cuban Revolution*. Philadelphia: Temple University Press.

Bueno, Salvador (1979): *Introducción a la cultura africana en América Latina*. La Habana: UNESCO.
— (1981): «El negro en la poesía cubana». En *Revista de la Biblioteca Nacional de Cuba* 23 (3): 71-105.
Cairo Ballester, Ana (2005): *Bembé para cimarrones*. La Habana: Acuario-Centro Félix Varela.
Calcagno, Francisco (1878a): *Diccionario biográfico cubano*. La Habana: Imp. y librería de N. Ponce de León.
— (1878b): *Poetas de color*. La Habana: Imp. Militar de la V. de Soler y Compañía.
Callahan, Monique-Adelle (2011): *Between the Lines: Literary Transnationalism and African American Poetics*. New York: Oxford University Press.
Camacho, Jorge L. (2015): *Miedo negro, poder blanco en la Cuba colonial*. Madrid / Frankfurt: Iberoamericana / Vervuert.
— (2018): «Una polémica en La Habana: la poesía erótica de Mercedes Matamoros». En *The Coastal Review: An Online Peer-reviewed Journal* 0 (1): 1-16.
Casanova-Marengo, Ilia (2000): *El intersticio de la colonia: ruptura y mediación en la narrativa antiesclavista cubana*. Madrid / Frankfurt: Iberoamericana / Vervuert.
Castellanos, Jorge & Castellanos, Isabel (1990): *Cultura afrocubana: el negro en Cuba, 1845-1959*. Miami: Universal.
Castillo Bueno, María de los Reyes & Rubiera Castillo, Daisy (eds.) (2000): *Reyita: The Life of a Black Cuban Woman in the Twentieth Century*. London: Latin America Bureau.
Cervantes, Carlos Alberto (1927): *Plácido y Cristina Ayala: Disertación histórico-crítica, leída en la noche del 28 de junio de 1927 en el salón de actos de la Unión Fraternal*. La Habana: Imp. Estrella.
DeCosta-Willis, Miriam (2011): *Blacks in Hispanic Literature: Critical Essays*. Baltimore: Imprint Editions.
Deschamps Chapeaux, Pedro (1963): *El negro en el periodismo cubano en el siglo XIX: ensayo bibliográfico*. La Habana: Ediciones R.
Di Leo, Octavio (2001): *El descubrimiento de África en Cuba y Brasil: 1889-1969*. Madrid: Colibrí.

Duno Gottberg, Luis (2014): *Solventando las diferencias: la ideología del mestizaje en Cuba*. Madrid / Frankfurt: Iberoamericana / Vervuert.

Echemendía, Ambrosio (1865): *Murmuríos de Táyaba*. Trinidad: Oficina tipográfica de Rafael Orizondo.

Edreira de Caballero, Angelina (1938): *Antonio Medina, el don Pepe de la raza de color*. La Habana: Impr. Molina y Cía.

Engle, Margarita (ed.) (2011): *The Poet Slave of Cuba. A Biography of Juan Francisco Manzano*. New York: Square Fish.

Estrade, Paul (1996): «En los orígenes inciertos de la poesía negra cubana: Laureano Pérez y Santa Cruz». En *Revista de literatura cubana* 13 (24-26): 62-75.

Feijóo, Samuel (1987): *El negro en la literatura folklórica cubana*. La Habana: Letras cubanas.

Fernández de Castro, José Antonio (1943): *Tema negro en las letras de Cuba*. La Habana: Mirador.

Fernández Núñez, Saulo Antonio (2005): *Un poeta esclavo en Puerto Príncipe*. Camagüey: Ácana.

— (2006): «El poeta esclavo Juan Antonio Frías y su contribución a la identidad». En *Islas* 48 (147): 152-171.

Fernández Robaina, Tomás (1995): *El negro en Cuba, 1902-1958: apuntes para la historia de la lucha contra la discriminación racial*. La Habana: Ciencias Sociales.

Figarola-Caneda, Domingo (1922): *Diccionario de Pseudónimos*. La Habana: Imp. El Siglo xx.

Fonseca-Díaz, Eliene & Pino-Reina, Yanetsy (2019): «Desarrollo de la imprenta y la literatura espirituana del siglo xix en las publicaciones periódicas». En *Pedagogía y sociedad* 22 (54): 78-102.

Fornaris, José (1862): *Cantos del siboney*. La Habana: Imp. La Antilla.

Fraga León, Yansert (2008): *Poetas esclavos en Cuba. El Trinitario Ambrosio Echemendía*. Sancti Spíritus: Luminaria.

Friol, Roberto (ed.) (1977): *Suite para Juan Francisco Manzano*. La Habana: Arte y literatura.

García de Coronado, Domitila (1926): *Álbum poético-fotográfico de escritoras y poetisas cubanas: escrito en 1868 para la Señora Doña Gertrudis Gómez de Avellaneda*. La Habana: Imprenta de «El Fígaro».

GÓMEZ DE AVELLANEDA, Gertrudis (1841): *Sab: novela orijinal*. Madrid: Impr. Calle del Barco.

GONZÁLEZ CURQUEJO, Antonio (1919): *Florilegio de escritoras cubanas*. La Habana: Imp. El Siglo xx.

GONZÁLEZ ECHEVARRÍA, Roberto (1993): *Celestina's brood: continuities of the Baroque in Spanish and Latin American literatures*. Durham: Duke University Press.

— (1998): *Mito y archivo. Una teoría de la narrativa latinoamericana*. México: Fondo de Cultura Económica.

GONZÁLEZ MANDRI, Flora María (2006): *Guarding Cultural Memory: Afro-Cuban Women in Literature and the Arts*. Charlottesville: University of Virginia Press.

GONZÁLEZ PÉREZ, Armando (1976): *El sentimiento de la negritud en la poesía de Nicolás Guillén*. Milwaukee: Center for Latin America.

— (1994): *Acercamiento a la literatura afrocubana*. Miami: Universal.

GRAJALES MELIÁN, Iván Gabriel & VILLAVICENCIO SIMÓN, Yessy (2016): «Reflexiones en torno a un texto crítico de Rafael María de Mendive sobre un Poeta "de Color": Antonio Medina y Céspedes». En *Actas de la XV Conferencia Internacional de Cultura Africana y Afroamericana*. Santiago de Cuba: Centro Cultural Africano Fernando Ortiz.

— (2018): «Cuatro «poetas de color» en la crítica literaria publicada por la prensa colonial de Santiago de Cuba». En *Islas* 60 (191): 69-86.

GRAJALES MELIÁN, Iván Gabriel (2018): *La crítica literaria en las publicaciones periódicas y culturales de Santiago de Cuba: evolución y temáticas (1825-1895)*. Universidad de Oriente, Tesis doctoral.

GUERRA, Armando (1921): *Vicente Silveira, patriarca de los poetas de occidente*. Artemisa: Imp. Robainas.

— [con el pseudónimo de Francisco Martín Llorente] (1938): *Presencia negra en la poesía popular cubana del siglo XIX: conferencia leída en la sesión pública celebrada por la «Sociedad de estudios afrocubanos», el 19 de 1938, en el Club Atenas*. La Habana: Alfa.

— (1939): «Presencia negra en la poesía popular cubana del siglo XIX». En *Estudios afrocubanos* 3: 16-27.

GUERRERO, Teodoro (1846): *Totum Revolutum: poesías*. La Habana: sn.

GUIRAO, Ramón & AROZARENA, Marcelino (1970): *Órbita de la poesía afrocubana, 1928-1937: (antología): selección, notas biográficas y vocabulario*. Nendeln: Kraus.

Gutiérrez Coto, Amauri (2006): «Elogio de un Bembé... (a propósito del último libro de la doctora Ana Cairo)». En *Revista de la Biblioteca Nacional José Martí* 97 (3-4): 206-207.

— (2008a): «Noticias del poema impreso más extenso del siglo XVIII cubano». En *SIC* 41: 10-19.

— (2008b): «La peculiaridad lingüística de los *Motivos de Son*». En García Ronda, Denia (ed.): *Motivaciones: lecturas sobre Motivos de Son*. La Habana: José Martí, 334-346.

— (2008c): «Poesía cubana del siglo XVIII. Noticias de un hallazgo». En *La siempreviva* 4: 68-81.

— (2009a): «Noticias del poema impreso más extenso del siglo XVIII cubano». En *SIC* 41: 10-19.

— (2009b): «El catastrofismo en la poesía cubana». En *Cuban Studies* 40: 18-48.

— (2002): *Acerca de lo negro y la africanía en la lengua literaria de Motivos de Son (un nuevo análisis del problema)*. Pinar del Río: Vitral.

Habibe, Frederick Hendrik (1985): *El compromiso en la poesía afroantillana de Cuba y Puerto Rico*. Leiden Universiteit, Tesis doctoral.

Henríquez Ureña, Max (1941): «Poetas cubanos de expresión francesa». En *Revista Iberoamericana* 3 (6): 301-344.

Howe, Linda S. (2004): *Transgression and Conformity: Cuban Writers and Artists After the Revolution*. Madison: The University of Wisconsin Press.

Jackson, Richard L. (1997): *Black Writers and the Hispanic Canon*. New York: Twayne.

Keizer, Arlene R. (2004): *Black Subjects: Identity Formation in the Contemporary Narrative of Slavery*. Ithaca: Cornell University Press.

Labrador-Rodríguez, Sonia (1996): «La intelectualidad negra en Cuba en el siglo XIX. el caso de Manzano». En *Revista Iberoamericana* 62 (174): 13-25.

— (2006): «Nicolás Guillén y sus antecesores: la "poesía blanca" de los poetas negros del siglo XIX». En Aa.Vv.: *Homenaje a Nicolás Guillén*. Veracruz: Editorial de la Universidad Veracruzana, 231-247.

León, René (2011): *La poesía afrocubana: su origen histórico y la temática de la muerte*. Tampa: Publicaciones Culturales René León.

Lopes, Nei (ed.) (2011): *Enciclopédia brasileira da diáspora africana*. São Paulo: Selo Negro.

López, Antonio (2016): *Unbecoming Blackness: The Diaspora Cultures of Afro-Cuban America*. New York: New York University Press.

Lovejoy, Henry B. (2018): *Prieto: Yorùbá Kingship in Colonial Cuba during the Age of Revolutions*. Chapel Hill: University of North Carolina Press.

Luis, William (1988): «*Cecilia Valdés*: el nacimiento de una novela antiesclavista». En *Cuadernos Hispanoamericanos* 451-452: 187-193.

— (2010): *Las vanguardias literarias en el Caribe: Cuba, Puerto Rico y República Dominicana: bibliografía y antología crítica*. Madrid / Frankfurt: Iberoamericana / Vervuert.

— (2014): *Literary Bondage: Slavery in Cuban Narrative*. Austin: University of Texas Press.

Maguire, Emily A. (2018): *Racial Experiments in Cuban Literature and Ethnography*. Gainesville: University Press of Florida.

Marín Villafuerte, Francisco (1938): «Apuntes sobre el periodismo en Trinidad». En *El periodismo en Cuba: libro conmemorativo del día del periodista 25 de octubre*. La Habana: Caja del Retiro de Periodistas: 97-108.

Martí, José (1992): «Verdaderos versos». En *Obras completas*, vol. 5. La Habana: Ciencias Sociales, 213-217.

Martínez Estrada, Ezequiel (1966): *La poesía afrocubana de Nicolás Guillén*. Montevideo: Arca.

Matamoros, Mercedes (1892): *Poesías completas* [Prólogo de Aurelia Castillo de González]. La Habana: Imp. La Moderna de A. Miranda y Cía.

— (2004): *Poesías (1892-1906)*. La Habana: Unión.

Maza Miquel, Manuel P. (1999): *Esclavos, patriotas y poetas a la sombra de la cruz: cinco ensayos sobre catolicismo e historia cubana*. Santo Domingo: Amigo del Hogar.

Medina Céspedes, Antonio (1851): *Poesías*. La Habana: Imp. de «El Faro».

Méndez Martínez, Roberto (2018): «Leyendas camagüeyanas». En Rodríguez Barredas, José *et al.* (eds.): *Camagüey-Ciego de Ávila: Cuba: guía de Arquitectura y Paisaje = An Architectural and Landscape guide*.

Sevilla / Camagüey: Consejería de Vivienda y Ordenación del Territorio, 32-33.

Montesino Grandías, Jorge Luis (2019): «Ideal de Socialismo en *El Mulato*. Contribución a sus prolegómenos para Cuba». En *Revista de la Biblioteca Nacional José Martí* 2: 37-63.

Moore, Robin (1999): *Nationalizing Blackness: Afrocubanismo and Artistic Revolution in Havana, 1920-1940*. Pittsburgh: Pittsburgh University Press.

Morales Lemus, José (1866): «Por los redactores de *El Siglo*». En *La América*, 12 de enero: 12.

Morales, Jorge Luis (2004): *Poesía afroantillana y negrista (Puerto Rico, República Dominicana, Cuba)*. San Juan: Universidad de Puerto Rico.

Morillas, Pedro José (1992): *El ranchador*. Madrid: Betania.

Morris, Andrea E. (2012): *Afro-Cuban identity in postrevolutionary novel and film: inclusion, loss, and cultural resistance*. Lewisburg / Lanham: Bucknell University Press / Rowman & Littlefield.

Mullen, Edward J. (ed.) (1981): *The Life and Poems of a Cuban Slave: Juan Francisco Manzano 1797-1854*. Hamden: Archon Books.

— (1998): *Afro-Cuban Literature: Critical Junctures*. Westport: Greenwood Press.

Muñoz del Monte, Francisco (1845): *La mulata*. Madrid: sn.

— (1880): *Poesías*. Madrid: Imp. y Fundición de M. Tello.

Otero, Solimar (2010): *Afro-Cuban Diasporas in the Atlantic World*. Rochester: University of Rochester Press.

Pereda Valdés, Ildefonso (1970): *Lo negro y lo mulato en la poesía cubana*. Montevideo: Ciudadela.

Pérez Sarduy, Pedro (2001): *Afro-Cuban Voices: On Race and Identity in Contemporary Cuba*. Gainesville: University Press of Florida.

Pérez y Santa Cruz, Laureano (1832): *Poesías líricas, por el moreno habanero*. Paris: Imp. De Decourchaut.

Pettway, Matthew Joseph (2010): *Inscribing African Descendant Identity in Nineteenth Century Cuba. The Transculturated Literature of Juan Francisco Manzano and Gabriel de la Concepción Valdés*. Michigan State University, PhD Dissertation.

PICHARDO Y TAPIA, Esteban (1875): *Diccionario provincial casi-razonado de voces frases cubanas*. La Habana: El Trabajo.

PORTUONDO ZÚÑIGA, Olga (2008): «La literatura de El Cobre en los siglos XVII y XVIII». En *Del Caribe* 52: 73-78.

POUMIER, María (ed.) (2007): *La cuestión tabú: el pensamiento negro cubano de 1840 a 1959*. Madrid: IDEA.

RAMOS, Julio (1995): «La ley es otra: literatura y constitución del sujeto jurídico de María Antonio Mandinga en el archivo de la ley». En González, Stephan B. & Achugar, Hugo (eds.): *Esplendores y miserias del siglo XIX: cultura y sociedad en América Latina*. Caracas: Monte Ávila, 193-219.

RAMOS I DUARTE, Féliz (1895). *Diccionario de mejicanismos: colección de locuciones i frases viciosas, con sus correspondientes críticas i correcciones fundadas en autoridades de la lengua: máximas, refranes, provincialismos i remoques populares de todos los estados de la República Mejicana*. Ciudad de México: Imp. de Eduardo Mijares.

RIVERA-RIDEAU, Petra R. & JONES, Jennifer A. & PASCHEL, Tianna S. (eds.) (2016): *Afro-Latin@s in movement critical approaches to blackness and transnationalism in the Americas*. New York: Palgrave Macmillan.

ROBLEJO, Manuel (1867): *Ecos del alma*. Puerto Príncipe: Imp. de Don Rafael García.

RODRÍGUEZ, Agustín Baldomero (1857): *Pucha silvestre*. Villaclara: Imp. La Alborada.

RODRÍGUEZ, José Ignacio (1864): *Ofrenda al bazar de la Real Casa de Beneficencia*. La Habana: Imp. del Tiempo.

— (1909): «Vida del Dr. José Manuel Mestre». En *Revista de la Facultad de Letras y Ciencias* 8 (1): 14-84.

RODRÍGUEZ-PLATE, Edna M. (2015): *Lydia Cabrera and the Construction of an Afro-Cuban Cultural Identity*. Chapel Hill: The University of North Carolina Press.

ROSALES, Antonio (1872): *Murmuríos del Sagua*. Sagua la Grande: Imp. El Comercio.

RUSCALLEDA BERCEDÓNIZ, Jorge María (1998): *El negro en la poesía de la segunda generación republicana de Cuba*. Universidad Nacional Autónoma de México, Tesis doctoral.

SCHULMAN, Iván (ed.) (1975): *Autobiografía de un esclavo*. Madrid: Guadarrama.

SED NIEVES, Gustavo (1987): «Frías, poeta esclavo de Puerto Príncipe». En *Revista de literatura cubana* 8: 98-100.

SEDEÑO GUILLÉN, Kevin (2012): «"Perseguido, principalmente de los literatos" o la infamia de poseer las tres nobles artes: raza, clase y canon en la Nueva Granada. Siglos XVIII y XIX». En Pérez Padilla Chasing, Iván (ed.): *Sociedad y cultura en la obra de Manuel del Socorro Rodríguez de la Victoria. Nueva Granada 1789-1819*. Bogotá: Universidad Nacional de Colombia, 285-314.

SILVEIRA, Vicente (1874): *Flores y espíritus*. La Habana: Imp. de Evaristo Valdés.

SILVERSTEIN, Stephen (2015): «The Cuban Anti-Antislavery Genre: Anselmo Suárez y Romero's *Colección de artículos* and the Policy of Buen Tratamiento». En *Revista hispánica moderna* 68 (1): 9-75.

STUBBS, Jean & PÉREZ Y SARDUY, Pedro (eds.) (1998): *Afrocuba: una antología de escritos cubanos sobre raza, política y cultura*. San Juan: Universidad de Puerto Rico.

SUÁREZ Y ROMERO, Anselmo (1859): *Colección de artículos*. La Habana: Establecimiento Tipográfico La Antilla.

— (1880): *Francisco: novela cubana*. New York: Imp. Ponce de León.

SUEIRO RODRÍGUEZ, Victoria María (2002): «Las publicaciones cienfuegueras de pardos y morenos en la época colonial». En *Ariel* 5 (2): 19-26.

TANCO BOSMENIEL, Félix M. (2016): *Petrona y Rosalía*. Barcelona: Linkgua.

TILLIS, Antonio D. (ed.) (2013): *Critical Perspectives on Afro-Latin American Literature*. New York: Routledge.

TORRES REVELLÓ, José (1947): «Ensayo de una biografía del bibliotecario y periodista Don Manuel del Socorro Rodríguez». En *Boletín del Instituto Caro y Cuervo* 3 (1, 2 y 3): 1-35.

TRELLES, Carlos Manuel (1927): «Bibliografía de autores de la raza de color de Cuba». En *Cuba contemporánea* 43 (1): 30-78.

UXÓ GONZÁLEZ, Carlos (2010): *Representaciones del personaje del negro en la literatura cubana: una perspectiva desde los estudios subalternos*. Madrid: Verbum.

Valdés Codina, Carlos A. (1918): *Los mejores sonetos cubanos*. La Habana: Tipografía La casa Villalba.

Valdés, Gabriel de la Concepción (2010): *Poemas*. Barcelona: Linkgua.

Varela, Félix (1991): *Obras* [Edición de Eduardo Torres-Cuevas & Jorge Ibarra & Mercedes García]. La Habana: Política.

Villaverde, Cirilo (1839): *Cecilia Valdés o la Loma del Ángel*. La Habana: Imprenta Literaria.

— (1882): *Cecilia Valdés o la Loma del Ángel, novela de costumbres cubanas*. New York: Imp. de El Espejo.

Vitier, Cintio & Feijóo, Samuel & García Marruz, Fina (1978): *Flor oculta de poesía cubana: siglos XVIII y XIX*. La Habana: Arte y Literatura.

West Durán, Alan (ed.) (2003): *African Caribbeans: A Reference Guide*. Westport: Greenwood Press.

Williams, Lorna V. (1994): *The representation of slavery in Cuban fiction*. Columbia: University Press of Missouri.

Wilson, Leslie N. (1979): *La poesía afroantillana*. Miami: Universal.

Zambrana, Antonio (1953): *El negro Francisco: novela orijinal de costumbres cubanas*. Santiago: Imp. de la Librería del Mercurio.

Fuentes manuscritas

«Carta de Luisa Pérez de Zambrana a Anselmo Suárez y Romero». En Colección de Manuscritos. Sala Cubana. Biblioteca Nacional José Martí, La Habana (en lo adelante, CC-BNJM).

«Carta de Dolores Susane a Ambrosio Echemendía». En CC-BNJM.

«Carta de José Manuel Mestre a Fernando Echemendía». En Manuscript Division. Library of Congress. Washington DC (en lo adelante, MD-LC). (Rodríguez 1909: 80)

«Carta de José Manuel Mestre a Juan Clemente Zenea». En MD-LC. (Rodríguez 1909: 81)

«Carta de José Manuel Mestre a Luis Felipe Mantilla». En MD-LC. (Rodríguez 1909: 82)

«Carta de libertad concedida a Ambrosio Echemendía». En Archivo Histórico de Cienfuegos. (Fraga León 2009: 113)

Apéndices

Correspondencia

Carta de Luisa Pérez de Zambrana a Anselmo Suárez y Romero

Sr. Don Anselmo Suárez y Romero[1].
Cerro y Julio 12 de 1870

Mi ilustrado y muy querido amigo: no he podido resistir al deseo enviar a usted el juicio que de sus bellísimos artículos ha hecho una joven de extraordinario mérito tanto por su talento como por sus virtudes, que pertenece a la clase de color, a esa clase de color tan injustamente desairada siempre, y que gime abrumada bajo el terrible peso de la preocupación de nuestro país.

Esta joven apenas tiene diez y nueve años; pero posee todo el buen sentido y la madurez de razón de la edad viril. ¡Tales son su inteligencia y su sensatez! Su nombre es Dolores Susane[2], y se casará dentro de poco con el joven poeta Ambrosio Echemendía, cuya historia usted debe conocer, como conocemos todos.

La carta es puramente confidencial y dirigida a este, que se hallaba en Trinidad[3]; así es que tiene el doble de mérito de no esperar que sus elogios llegaran jamás a los oídos de usted. Aún hoy mismo ignora completamente el paso que doy.

Contando con la bondad y el cariño de usted para nosotras, me he tomado la libertad de ofrecerle un tomo de sus artículos, con una

---

[1] Anselmo Suárez y Romero (1818-1878). Escritor abolicionista cubano.
[2] El volumen de la Biblioteca Nacional de Cuba en el que Suárez y Romero transcribía de su puño y letra los juicios literarios recibidos incluye la siguiente nota de este autor acerca de Susane: «En los momentos en que escribo estos renglones (1 de agosto de 1870) no conozco ni aún he visto a Dolores Susane; pero he aquí las cartas que se leerán sin duda con placer».
[3] Ciudad de la zona central de Cuba

de esas encantadoras dedicatorias que sabe usted poner en la primera página de sus libros.

También ruego a usted encarecidamente que nos dé el placer de leer a ella y a Echemendía, que ya está aquí[4], su novela *Francisco*, su admirable y sublime novela *Francisco*, que estoy seguro dejará una huella eterna en estas dos almas grandes, profundas, y educadas en esa misma escuela de lágrimas.

Si usted puede venir a leerla, el gozo será infinitamente mayor; pero si no, yo haré sus veces, aunque tan insuficiente y tan pálidamente.

¿Cuándo vendrá usted a ver a sus amigas que le quieren de corazón?

Reciba usted recuerdos cariñosísimos de Julia[5], Candita[6], Mamá y todos. Delos usted muy tiernos a su amable familia, y cuente toda la vida con la amistad, el reconocimiento, y la admiración sincera y profunda de

Luis Pérez de Zambrana[7]
Muchas páginas ocuparían las dedicatorias que ha escrito.

---

[4] Echemendía había regresado de su viaje de estudios a los Estados Unidos y se encontraba en La Habana en 1870.

[5] Julia Pérez Montes de Oca (1839-1875). Poeta cubana que fue hermana de Luisa Pérez de Zambrana.

[6] Cándida Pérez Montes de Oca. Hermana de la poeta Luisa Pérez de Zambrana.

[7] Luisa Pérez de Zambrana (1835-1922). Poeta cubana que fue amiga de Dolores Susane.

Carta de Dolores Susane a Ambrosio Echemendía

Cerro, diciembre 30 de 1869

Amadísimo Ambrosio mío: voy a robar unos instantes a mis pesadas tareas; a mis tareas que absorben mi atención de tal manera que ni tan siquiera las abandono para mirar al cielo. Me es imposible resistir al ardiente deseo de conversar contigo; me es imposible esperar por más tiempo para hablarte de la *Según de artículos* del Sr. Suárez y Romero[8].

Ha llegado por fin, el instante con que soñó mi corazón tan amante de lo bello. No te ocultaré que es inmensa la simpatía que me inspira el Sr. Suárez; pero a pesar de esta simpatía, procuraré que en mi confidencia la justicia domine a la pasión. En 1865 tuve la ocasión de leer una obrita de este célebre pintor de nuestros campos. Con motivo del *Bazar* que hizo para recolectar fondos para la Beneficencia, los artistas y literatos habaneros convinieron en consagrar una obra a tan piadoso y sublime objeto. Esta obra debían componerla una composición de cada una de nuestras poéticas y de nuestros poetas y literatos.

---

[8] Anselmo Suárez y Romero (1818-1878). Escritor abolicionista cubano.

En esta obra, que poseo y lleva por título *Ofrenda al Bazar*[9], se hallan composiciones de Luisa[10], Julia[11], María Santa Cruz[12] y otras de nuestras poetisas; de Zambrana[13], Mestre[14], Navarrete[15] y otros. Así, pues, en esta obra hallé el artículo del Sr. Suárez a que hice referencia. Es un lindísimo artículo que lleva por título «El Cementerio del Ingenio»[16]; bellísimo, como todo lo que sale de la pluma del Sr. Suárez. Pero era sumamente corto y proporcionado al tomito; no podía yo por ese motivo admirar la brillante imaginación de este Sr. No podía ver en todo su esplendor los bellísimos rasgos que solo su pluma sabe trazar con tanta poesía y elegancia. Además en aquella época eran limitadísimos mis conocimientos literarios. Hoy no son muy grandes tampoco; pero tú has purificado mi gusto e iluminado mi inteligencia tan opaca en otro tiempo. Gracias a ti y a Luisa he tenido el gusto de saborear la sabrosa lectura de la *Colección de artículos*. Nada más lindo e instructivo que este libro, digno por todos conceptos de la popularidad de que goza.

Los primeros artículos me gustan muchísimo; los hallo interesantísimos, pues hablan de educación; tema inagotable y profundo que bien cosechado podría darnos grandiosos frutos. Las cartas a José

---

[9] Este volumen *Ofrenda al Bazar de la Real Casa de Beneficencia* (1864) fue compilado por el intelectual cubano José Ignacio Rodríguez quien fue biógrafo del protector más importante de Ambrosio Echemendía que es José Manuel Mestre y cuyas cartas aparecen en la sección de «Documentos».

[10] Se refiere a Luisa Pérez de Zambrana. Véase nota 7.

[11] Se refiere a Julia Pérez Montes de Oca. Véase nota 5.

[12] María de Santa Cruz. Poeta cubana de Guanabacoa que fue antologada en *Álbum poético-fotográfico de las escritoras cubanas* (1868).

[13] Ramón Zambrana (1817-1866). Escritor cubano que fue esposo de la poeta Luisa Pérez de Zambrana y hermano del también escritor Antonio Zambrana que es autor de la novela antiesclavista *El negro Francisco*.

[14] José Manuel Mestre (1832-1886). Abogado y profesor.

[15] Carlos Navarrete y Romay (1837-1893). Abogado y escritor cubano.

[16] Texto publicado por Anselmo Suárez y Romero en el *Ofrenda al Bazar de la Real Casa de Beneficencia*.

Zacarías González del Valle[17] han llamado particularmente mi atención por su amenidad y belleza[18]. ¡Cuán cierto es, Ambrosio mío, que el Sr. Suárez es un gran poeta! Parece increíble que en tanta prosa se encierre, se vierta tanta poesía. ¡Cuánto me encanta ese lenguaje que conmueve el corazón y llega al alma! Es admirable la delicadeza con el que el Sr. Suárez juzga a Manzano[19], a Manzano, que no *teniendo ya lágrimas que derramar, tampoco halló donde desplegar sus alas*[20]. ¡Qué figura tan tierna y angelical la de Carlota Valdés[21]! ¡Qué sublime desamparo el de ese corazón tan amante y puro! Al sentir correr de mis ojos las lágrimas de ternura que me hizo derramar la vista de ese cuadro tan triste, que me sentí inspirada por una idea: escribir al Sr. Suárez estas palabras ¿Ha existido Carlota Valdés? ¿Esa niña desgraciada, es hija de mi fantasía solamente, o un ángel divino que Dios nos envió? Has creído bien, mi queridísimo Ambrosio, cuando pensaste que me sentir mucho este bellísimo cuadro, ¡es tan tierno y triste! Las costumbres del campo me han encantado. Están tan bien delineadas que creo, al leerlas, que me hallo en los lugares que con tanta propiedad nos describe el pintor de nuestros campos. Un rayo divino hirió su numen al sentir la inspiración que creó los *cuadros de la naturaleza cubana*[22]; un rayo que hirió al artista, animó el pincel, y dio vida al cuadro; un rayo poderoso como el genio, y como el genio, hijo de Dios. Ambrosio mío, el Sr. Suárez se eleva hasta él.

---

[17] José Zacarías González del Valle (1820-1851). Escritor, abogado y profesor cubano.

[18] En el volumen *Colección de artículos* de Anselmo Suárez y Romero que la autora de la carta comenta se incluye una sección de cartas a González del Valle.

[19] Como parte de las cartas anteriores dirigidas a González del Valle, Suárez y Romero escribe una dedicada al poeta matancera José Jacinto Milanés donde le dedica unos párrafos al poeta Juan Francisco Manzano que fue esclavo al igual que el prometido de Dolores Susane.

[20] Las cursivas marcan una cita de Suárez y Romero (1859: 111).

[21] Se trata de una mujer afrodescendiente y esclava, de la cual se ofrece un texto en el volumen *Colección de artículos* (Suárez y Romero 1859: 143-148).

[22] Se trata de la última sección del mencionado volumen *Colección de artículos*.

Ángeles de luz le prestaron sus alas, amor su fuego, y naturaleza se ostentó en todo su esplendor para hacer eterna y completa la gloria que lo inunda. He aquí mi opinión sobre la Colección de artículos del Sr. Suárez y Romero. Mi podre juicio es en verdad tan indigno del objeto que más no puede ser; pero no es mi idea juzgarlo como equivocadamente dije, sino hablarte de ellos como antes te ofrecí. ¿He cumplido mi ofrecimiento? ¿Has quedado satisfecho de mi confidencia? ¿Sí? No lo dudo. ¡Eres tan bueno! ¡Eres tan inteligente con tu pobre y querida Lola!

Carta de José Manuel Mestre a Fernando Echemendía

Habana, Enero 9 de 1866.
Señor Don Fernando Echemendía[23],
Cienfuegos.

Muy señor mío y estimado amigo:
Al regresar de mi temporada en el campo debo dar contestación a las apreciables que V. se sirvió dirigirme, acerca de la manumisión de Ambrosio, desde Trinidad; mas para ello bastaría referirme a lo que V. mismo habrá leído en no pocos periódicos, y especialmente en nuestro *Siglo*[24].

Sin saber cómo poner en manos de V. la suma colectada para la libertad de Ambrosio, y teniendo noticia de que accidentalmente se encontraba en esta el Regidor Síndico de ese Ayuntamiento aproveché tan buena oportunidad para hacer la remisión.

Me he informado de que aun cuando no ha podido otorgarse todavía la carta de libertad, la falta de ese requisito no ha sido obstáculo para que Ambrosio haya sido puesto desde luego en posición de poder disfrutar de su nueva vida. Aquí se me ha presentado y se muestra animado de los mejores deseos.

Mucho me ha complacido la aprobación dispensada por V. a las manifestaciones que tuvieron lugar en el banquete dedicado a Asquerino[25]. Ojalá que ellas aproximen esa ansiada era que tan malamente tratan algunos de alejar de nosotros.

---

[23] Fernando Echemendía (1816-1875). Abogado de Trinidad.
[24] Periódico de La Habana durante el siglo XIX.
[25] La referida cena del poeta español Eusebio Asquerino García (1822-1882).

Queda como siempre de V. amigo afectísimo y s. s. q. b. s. m.

J. M. Mestre[26].
Inquisidor No. 25.

---

[26] Véase nota 14.

Carta de José Manuel Mestre a Juan Clemente Zenea

Habana, Mayo 4 de 1866.
Señor Don Juan Clemente Zenea[27],
Nueva York.

Mi muy querido amigo:

Sirva la presente de introducción y recomendación en favor de Ambrosio Echemendía, el poeta trinitario. Sin duda que su nombre no le será desconocido. Hacía mucho tiempo que Cuba contemplaba con pena la esclavitud de un hombre dotado de ingenio por nuestra rica naturaleza; pero solo hasta una reunión reciente y solemne no vino a realizarse una manumisión que deseaban los hombres amantes de las letras y la libertad entre nosotros, con todo empeño con que debe atenderse al cumplimiento de un sagrado deber.

Ambrosio se vio, pues, libre; y para probar con su práctico ejemplo que la libertad no es un mal, como algunos se han atrevido a pretender, ahí lo tienes con el firme propósito de trabajar y estudiar asiduamente para conseguir y abrazar una profesión honrosa y lucrativa. Ambrosio no quiere ser uno de esos vates miserables que acuden a los festines para divertir, como los antiguos bufones, a los semiembriagados concurrentes. Ambrosio (permítalo la Musa que en ocasiones lo inspira) quiere tener una carrera como cualquiera otro de los humanos que no viven bien viviendo sobre el país. Aspira a ser dentista.

---

[27] Juan Clemente Zenea (1832-1871). Poeta cubano que residió en Nueva York y fue fusilado por las autoridades coloniales españolas en Cuba a pesar de ser un doble agente que espiaba para esas mismas autoridades y para el Ejército Libertador de Cuba.

Yo estoy seguro de que con tales antecedentes no has de dejar de tenderle una mano amiga y protectora. Dirígelo un poco en esa Babilonia y contribuye de esa manera a que se concluya en bien la obra comenzada.

Te desea salud y prosperidad con tu familia tu amigo afectísimo y s. s., J. M. Mestre, Inquisidor 25.

Carta de José Manuel Mestre a Luis Felipe Mantilla

Habana, 23 de noviembre de 1867
Sr. Don Luis Felipe Mantilla[28],
New York.

Mi siempre estimado amigo,

Perdone V. si a causa de mis apremiantes ocupaciones no he dado contestación antes de ahora a la grata que V. se sirvió dirigirme respecto de Ambrosio Echemendía. Desde luego debo empezar asegurando a V. que a mis oídos ninguna noticia llegó desfavorable para Echemendía, y que en tal concepto la certificación que V. me acompaña, y las manifestaciones que además hace, no han hecho otra cosa que proporcionarme el gusto de saber que el buen Echemendía aprovecha dignamente su viaje a los Estados Unidos, fiado tan solo en pequeñísimos recursos. Mucho le aconsejamos que no se fuera hasta contar con una suma más suficiente, previniendo lo que sucedería; pero no quiso hacernos caso. Y hoy tropezamos con el temido inconveniente de la dificultad que existe para ayudarlo desde aquí eficazmente.

De cualquier modo que sea, ello es que Ambrosio va adelante, captándosela estimación de sus profesores y la amistad de personas como V.; y en todo esto crea V. que experimento la más sincera satisfacción. Y no solo por lo que respecta particularmente a nuestro protegido, sino también por lo que pueda significar el caso de este para probar que la libertad no es un mal, como lo pretenden los incorregibles esclavistas.

---

[28] Luis Felipe Mantilla (1833-1878). Profesor cubano de la enseñanza del español como lengua extranjera en Nueva York en el siglo xix.

Le ruego encarecidamente que me haga el favor de comunicar la presente a Echemendía con mis amistosos recuerdos, encargándole que me escriba de vez en cuando, y suplicándole que no me tome a mal mis demoras para contestarle, porque nunca serán nacidas de poca voluntad de mi parte.

De V. también espero que me ponga dos letras, acusándome siquiera el recibo de la presente, para tener así una prueba de que no me guarda rencor por mi silencio, seguro de que le tiene, sin embargo, especial consideración y buen afecto su amigo y s. s.

J. M. Mestre,
Inquisidor, 25.

P.S. Mis expresiones para Fernando Valdés y Aguirre[29], si está todavía por esos barrios.

---

[29] Fernando Valdés Aguirre (1837-1871). Farmacéutico y escritor cubano.

Carta de libertad concedida a Ambrosio Echemendía

[Archivo Histórico de Cienfuegos: Protocolos Ramón Hernández de Medina, 1866, t. 1, folios 153-153vtos, escritura no. 118, «Libertad» (transcripción)]:

Libertad.
Nota: que el dia del otorgamiento y á peticion de parte dí test[imonio] en un pliego del sello segundo, digo de pobres: doy fé.

En la villa de Cienfuegos á primero de Febrero de mil ochocientos sesenta y seis: ante mi el Escmo Real Notario de Yndias encargado del despacho de la [Escribanía] de D. Ramon Hern[ández] de Medina y en presencia de los testigos que al final se espresarán, compareció el Ldo. D. Fernando Echemendia, natural de Trinidad, de este vecindario a quien doy fé conocer y dijo: que ahorra y liberta de todo cautiverio, sumision y servidumbre al pardo Ambrosio de veinte y tres años de edad por la suma de dos mil escudos que confiesa haber recibido del Sor Sindico de esta villa y la cual facilitaron al referido Sor vecinos amigos del pais y [para] la manumicion del mencionado Ambrosio; y en virtud á haber sido la entrega en dinero efectivo moneda corriente á su entrega en dinero en efectivo moneda corriente a su entera satisfacción, otorga el mas eficaz resguardo y carta de pago q. á la seguridad conduzca, con renuncia de la Ley de la entrega, la escepcion del dinero no visto, contado ni numerado en prueba y demás del caso; mediante lo cual se aparta y separa de la propiedad posesion y demás acciones que al indicado siervo habia y tenia, q. todo lo cede, renuncia y pasa en un hecho y causa propia [para] q. como persona libre trate, contrate otorgue poderes testamentos, comparezca en juicio y haga todo lo demás que pueden y deben las personas no sugetas á esclavitud. Y á la firmeza de q. esta libertad le será cierta y segura en todo tiempo obliga sus bienes actuales y futuros según derecho. En fé de ello y de que esta manumicion se declaró escrita de [...] según papeleta espedida en esta fecha por la Colecturia de Rentas de esta Villa y de que asi lo dijo y firmó siendo testigos D. Pedro Larreal, D. Fernando Escoto y D. Alejandro Catalá vecinos presentes. [sic] [Aparecen las firmas del escribano, de Fernando Echemendía[30] y de los testigos].

---

[30] Véase nota 23.

Murmuríos del Táyaba[1]

Poesía
Por Mácsimo Hero de Neiba[2]
(pardo esclavo en Trinidad Ambrosio Echemendía)[3]
Trinidad
Oficina tipográfica de Rafael Orizondo[4]
1865

---

[1] Río de las afueras de la ciudad de Trinidad en Cuba. La información ofrecida en esta página se corresponde con el ejemplar en la Colección Cubana de la Biblioteca Nacional José Martí de La Habana (en lo adelante CC-BNJM).

[2] Se trata de uno de los dos pseudónimos utilizados por Ambrosio Echemendía. Este que fugura aquí aparece en el *Diccionario de Figarola-Caneda* (1922: 69). También se conoce el pseudónimo Segismundo (véase Trelles 1927: 74).

[3] El paréntesis es una nota manuscrita en el ejemplar de la CC-BNJM.

[4] Además de la obra de Ambrosio Echemendía, se sabe que publicó a Luis Roberto y Suquet, cuyos libros de encuentran en WorldCat, y a Manuel Orgalles. Igualmente publicó el periódico *Hoja de anuncio*, que más tarde se llamó *Hoja económica* (Marín Villafuertes 1938: 353).

Advertencia[5]

«Si algún prójimo se atreve
A reimprimir esta obra,
Razón en la Ley me sobra
Para que el castigo lleve.
En el siglo diez y nueve
Está de moda abusar,
Pero si hallo un ejemplar
Que no acompañe mi firma,
Esto el fraude me confirma
Y juro le ha de pesar».

---

[5] Aunque esta décima –entre comillas en el texto impreso que atesora la CC-BNJM– ha sido atribuida a Ambrosio Echeverría por la bibliografía precedente (Ramos 1995: 214), pertenece en verdad al poeta y político habanero Teodoro Guerrero (1824-1904), que la publicó en 1846 (Guerrero 1846: 4). Aun cuando no es de la autoría de Echemendía, se la ha incluido aquí para mantener la integridad del poemario.

Murmuríos del Táyaba[6]

Cabe la margen de un río
De linfa murmuradora,
Que brinda con voz sonora
Vida al pensamiento mío.
A solas y a mi albedrío,
Pulso extasiado la lira;
Porque aquí tan solo mira
El bardo palmas y flores;
Emblema de sus amores,
Recuerdos por qué suspira.

Vaga en la tarde serena
La lumbre, suave, tranquila,
Melifluo aroma destila
De su cáliz la azucena;
La rama del árbol suena
Por la brisa estremecida;
Naturaleza convida
A gozar o a padecer
Otros momentos de ayer,
Otra esperanza, otra vida.

Estas flores, esas palmas,
Estas auras vagarosas,
Esas aguas bulliciosas,
Estas placenteras calmas,
Hacen respirar las almas

---

[6] Incluido en Fraga León 2009: 91-93.

En dulce meditación;
Y entusiasma el corazón
Su profundo anhelo alcanza
De amor, de fe, de esperanza,
Con ternísima ilusión.

Río, crepúsculo, brisa,
Cada palma, cada flor,
Me hace recordar tu amor
Tu ternura y tu sonrisa:
Tu belleza la divisa
Por do quiera el pensamiento;
Y en la felice[7] momento
Siente recibir mi anhelo
Dulce efluvio de consuelo
Que mitiga mi tormento.

Ven a mi lado, trigueña
De negros, rasgados ojos,
Tú, la de los labios rojos,
La de mirada halagüeña;
Tú, la que un tiempo risueña
Mis querellas escuchaste,
De ilusiones me embriagaste,
Y después, con alma dura,
Tu amor, que fue mi ventura,
Despiadada me negaste.

Ven compasiva a la orilla,
Donde el bardo canta y siente;

---

[7] Se trata de una licencia poética con la finalidad de mantener la métrica del verso.

Déjame ver de tu frente
El tierno pudor que brilla;
Tu tersa y pura mejilla,
Página blanca de amor!
Tu hermosura, tu candor;
Y que ofrezcas, en glorias tantas,
Un pedestal a tus plantas
La lira del trovador.

Mi fe, que pagar no quieres
En su ideal entusiasmo,
Olvida el cruento sarcasmo
Con que ves sus padeceres,
No denigra las mujeres,
Ángeles a todas llama!
Y a ti, que su fuego inflama,
A pesar de tu irrisión,
Arca de su salvación,
Que con entusiasmo aclama.

Ven, que la paz bendecida
Eres del alma en la tierra,
Por más que me brinde guerra
Tu ingratitud desmedida.
Ven, que la tarde convida
A deponer los furores,
Y del río a los rumores
A sentir dulce y secreta
Esa emoción que al poeta
Da *el amor de los amores*[8].

---

[8] Se refiere al poema homónimo de la autora romántica española Carolina Coronado (1820-1911).

Perdona, mujer! Perdona
Mi amante, loco delirio,
Deja que ponga el martirio
En mi frente su corona;
Esa súplica que entona
Mi humilde lira extraviada,
No importa sea desechada;
No vengas donde yo lucho;
Porque tú... tú vales mucho...
Mientras yo... no valgo nada...

Adiós, y olvida: yo olvido
Placer, crepúsculo y lira,
Cuanto aquí gozar inspira
A sentir, o a ser sentido:
Pero a tus recuerdos pido
Que al burlar mis desvaríos,
Si son los paternos ríos
Afectos del corazón,
Guarden mis versos, que son
Del Táyaba murmuríos.

A LA MEMORIA DEL SABIO CUBANO D. JOSÉ DE LA LUZ Y CABALLERO[9].

Dedicada al Sr. Dr. D. Bruno de Zayas[10]

¡Murió! A la tierra su despojo entrega,
Su espíritu al Señor, su gloria a Cuba:
Que el genio, como el sol, llega a su ocaso
Dejando un rastro fúlgido su paso.[11]

G. G. de Avellaneda[12]

Tu divo genio, ilustración del suelo
Que en un momento feliz nacer te vio,
Ya para siempre remóntese al cielo,
Ya para siempre la materia huyó.

No era tu alma creación humana
Que al mundo viene y que después se va,
Sino una antorcha cuya luz cristiana
Eterna como el sol alumbrará.

Dejas al mundo la materia helada
Para que el *alma* hasta el empíreo suba,

---

[9] José de la Luz y Caballero (1800-1862), educador y filósofo cubano que fundó el Colegio El Salvador.

[10] Juan Bruno de Zayas (1825-1885), médico cubano que fue profesor en el Colegio El Salvador.

[11] Fragmento del poema «A la muerte», dedicado al poeta romántico cubano José María Heredia (1803-1839).

[12] Gertrudis Gómez de Avellaneda (1814-1873), escritora romántica cubana que fue la primera mujer nominada a la Real Academia de la Lengua Española.

Para luego volver, *alma* sagrada,
Arcángel tutelar de nuestra Cuba.

Sí, que empleado tu feliz talento
Siempre en bien de la patria y la virtud,
Es el ángel custodio que yo siento
En el aire, en el sueño, en mi laúd.

Lejos de ti, cuando la parca fiera
Del medio de los hombres te llevó,
No me cupo la gloria placentera
De haber besado tu sepulcro yo.

Más cada día, cuando el sol indiano
Ilumina la tierra del Semí[13],
Recuerdo buen patricio, al buen hermano,
Y derramando llanto oro por ti.

---

[13] Palabra del arahuaco insular, utilizada por los taínos del Caribe para referirse a sus deidades.

A MI MADRE

Quisiera ¡oh madre! En el delirio mío
Humillar a tus plantas la grandeza
De un mundo, que sujeto a mi albedrío
Te mostrará mi amor y mi terneza.

J. A. C.[14]

Nunca, madre de mi alma,
Llegué a perder tus caricias:
Esos besos de tus labios,
Ni tu vida que es mi vida.

Esas mujeres hermosas,
Que cariñosas nos miran,
Que juran que nos adoran
Como una madre, es mentira.

Esas pasiones que halagan
Nuestro amor propio en la vida,
Todo, madre, todo es farsa
Si en tu seno no se aspiran.

Apenas piso el umbral
De pubertad intranquila,
Y ya conozco el pesar!
Ya mi vida no es la misma!

---

[14] José Antonio Cortés (1831-1869), poeta nacido en Santiago de Cuba, que residió mucho tiempo en Trinidad. En esta última ciudad dirigió el periódico *El Correo*. Murió en Barcelona, deportado por sus ideas políticas independentistas.

Yo buscaba otras mujeres
Sin saber lo que me hacía,
Y en ellas hallé dobleces
Y en vez de flores... espinas.

A ti te olvidé un momento,
Perdona, madre querida,
Olvidada no por cierto
Sino que yo no sentía,

Ya que conozco cuánto vales
Y que es la verdad suscinta:
Que fuera de amor de madre
Todo en el mundo es mentira.

Por eso, madre del alma,
Que no pierdas tus caricias:
Esos besos de tus labios
Ni tu vida que es mi vida.

A Juana

«Mírame pues; que de tus ojos bellos
Solo quiero la fúlgida confianza».

J. A. C.[15]

Si más benigno mi existencia hiriera
De ardiente AMOR el ponzoñoso dardo,
Con rota lira se callara el bardo
Y en silencio y dolor morir supiera:
Empero es mi PASIÓN de tal manera
Que no teniendo un corazón bastardo,
Ya pisé flores o espinoso cardo,
No es justo, no, que el labio enmudeciera.
Yo te idolatro, porque tú eres bella,
Porque creo nací para adorarte,
Porque eres mi ILUSIÓN, mi paz, mi estrella;
Y porque pienso tan constante amarte
Que aún despreciando, ingrata, mi querella
Aprenderé a morir y no a olvidarte.

---

[15] Véase nota anterior.

AL ALMENDARES[16]

*Con motivo de enviar a la Habana unos ejemplares
de mis poesías*

A tus extensas márgenes floridas
Donde sonoro surcas muellemente,
Van, ALMENDARES, de mi pobre mente
Las rudas concepciones desvalidas.

A ti las encomiendo: si acogidas
Son por el murmurar de tu corriente,
Mi artístico valer pondrá en mi frente
La corona de flores más garridas.

Tú, el que arrastra en su fondo las arenas de oro,
Que llevas a tu orilla flores tantas
Que un bardo te llamó «rico tesoro,»

Toma mi lira, mis canciones santas;
Y si hallas justo lo que a ti te imploro
Propende a ver si mi sufrir quebrantas.

---

[16] Río de la ciudad de La Habana. Incluido en (Fraga León 2009, 100).

Un suspiro al mar

A mi distinguido amigo el Sr. D. Nicolás Carbó[17]

Salve! Sublime mar, obra grandiosa
De la inspirada mente del Eterno,
El alma ante tu vista esplendorosa,
Ni heroico canto, ni sonido tierno
Digno de tu belleza poderosa
Halla feliz en su sentir interno:
El alma solo tu grandeza admira,
Y al bramar de tus ondas ¡ay! Suspira.

El rudo plectro que me dio Natura
Es, Océano, a tu potencia ignota,
Como a la inmensa linfa que murmura
Del modesto rocío leve gota,
Como al rugir de tu gentil bravura
Insonoro graznar de una *gaviota*:
Que no pintan tu gloria soberana
Ni las odas de HEREDIA[18] y de QUINTANA[19].

El lienzo y el papel, páginas bellas,
El color y el ruidaje de tus ondas
Pintarán en paisajes y querellas,
Mas no es el tesoro que en tu seno escondas:
¿Y quién pinta rielando las estrellas

---

[17] Nicolás Carbó, médico de Trinidad.
[18] Se refiere a José María Heredia. Véase nota 11.
[19] José Manuel Quintana (1772-1857), poeta español. Su obra es esencial para la transición de lo ilustrado a lo romántico en términos literarios.

Entre surcos de luz, de llamas *blondas*?
¿Y al rugir tu estentóreo murmurio
Quién comprender podrá tu poderío?[20]

Tu infinita grandeza no se canta,
Pues no halla acordes la entusiasta lira,
Ni hay un himno que brote la garganta
Del que tu pompa majestuosa admira;
No hay más que admiración, tu vista espanta
Al mortal denodado que te mira,
Parece que una voz grita a su anhelo:
«Contempla mi poder, y mira al cielo».

Yo muchas veces, oprimido el pecho,
Negado el corazón a sus latidos,
De cobarde terror, te vi deshecho,
Faltando la razón a mis sentidos;
El suelo parecióme muy estrecho,
Muy débil a tu espacio y tus mugidos;
Y olvidé, de tierra podre hijo,
Que «de ahí no pasarás» mi Dios te dijo.

Miles instantes, contemplando a solas
Oh Mar Caribe! Que el poder revelas,
Los vastos horizontes de tus olas,
Me ha parecido ver las carabelas,
Que tremolando enseñas españolas
Condujo el genovés, y me consuelas;
Porque admiro a COLÓN, grande y profundo
Brindarle al mundo viejo, un nuevo mundo.

---

[20] Referencia bíblica a *Job* 26,14.

Perdón! Perdón, oh mar! Yo no te canto,
Yo solo en mi suspiro te saludo,
Y si a tu orilla mi cantar levanto,
Preso infeliz de mi destino rudo,
Que contenerse en su efusión no pudo;
Y un SUSPIRO lanzó, que en tus portentos
No puedo revestir de pensamientos.

A Cuba[21]

Dedicada al Sr. Ldo. D. José de Frías y Cintra[22]

Salve! Querida patria, CUBA hermosa,
A cuyo suelo prodigó natura
La riqueza gentil que en ti rebosa,
Tu claro sol y tu eternal ventura.
El alma siempre, de cantarte ansiosa,
Rasgar la lira en tu loor procura:
Que aunque bardo novel de tus palmares
Vivo orgulloso de mis patrios lares.

Ya en mitad de las aguas de Occidente
Te mire desde lejos, CUBA bella,
Ya entre el uno y el otro continente
Tu pomposa figura que descuella;
Ya te contemple sobre el Ponto hirviente
Cual en el cielo fulgurante estrella,
Siempre apareces sin igual, divina,
Como del mar la seductora ondina.

Tus altas sierras de verdor constante,
Tus praderas, tus bosques y tus ríos,
Tu florido jardín siempre fragrante,
Tus aves, brisas, luz y murmuríos,
Y tu grandeza y tu esplendor gigante
No pueden bosquejar los cantos míos,

---

[21] Incluido en Fraga León 2009: 100.
[22] José de Frías y Cintra (1828-1915), médico cirujano de Trinidad.

Como no puede diseñarse el cielo
Es pequeño el lienzo de este suelo.

Patria feliz, idolatrada CUBA,
Tú, después de mi Dios, mi amor primero;
Perdona, sí, que discantarte suba,
Porque al amarte como yo te quiero
Sueño de gloria el corazón incuba,
Y la lira me diste en que refiero.
Que aunque al Parnaso mi cantar no cuadre,
Ayes de un hijo son para una madre.

A MI SEÑOR [I] (IMPROVISADO)[23]

El tema que me dais, es duro tema,
Y no puedo al momento resolverlo
Y en dulce verso en su loor ponerlo,
Aunque a mi mente inspiración la quema.

Yo no llevo en mi frente la diadema
De un improvisador. ¡Es justo verlo!
Mi numen es preciso conocerlo
Aunque a ese tema con razón le *tema*.

Yo no canto aquello que del alma brota,
Como a usted, mi señor, cantaré un día
Aunque vierta mi plectro ruda nota,

Que su talento le dará armonía:
Para entonces clamar: «nunca en derrota
Se pone el genio ante la duda impía».

---

[23] Se refiere a Fernando Echemendía (1816-1875), abogado de Trinidad.

A LA RELIGIÓN[24]

Dedicada a la Sra. Da. Mercedes Mena[25]

El arpa de David y el pensamiento
Del rey pastor, que en su loor pintara
En dulce salmo tu ideal portento,
Sublime RELIGIÓN, ambicionara;
Si tuviese en un célico ardimiento
Del ungido mortal la frente clara;
Si no cubriese en mi existir tirano
La niebla oscura, el pensamiento humano.

Cantará su grandeza, alma consuelo
Del afligido corazón que late,
Si una chispa de fuego de tu cielo
A iluminar viniese al pobre vate,
Ay! Porque entonces no mirara al suelo,
Ni el agobiante yugo que me abate,
Y bendecido de entusiasmo y bizarría
Fueras tú, RELIGIÓN, mi poesía.

Mas si al Dios de Israel cantar no puedo
En estro digno de su gloria santa,
Acoge el pensamiento que te cedo;
Pues del fondo del alma se levanta:
Cristiano, puro, cariñoso, ledo,
Cual himno sacro en celestial garganta,

---

[24] Incluido en Fraga León 2009: 97-99.
[25] Mercedes Mena, actriz aficionada de Trinidad (Martín Villafuerte, 307).

Que aunque réprobo inmundo al mundo sea,
Sublime RELIGIÓN, en mi se vea.

Falsos profetas, que engendró la envidia
En noche oscura y tenebroso averno,
Han batallado en impotente lidia
Negar queriendo al Hacedor Eterno,
O al Hijo predilecto, con perfidia
Al concebido virginal materno,
Como si un sol de fuego refulgente
No demostrara la verdad patente.

El mártir de la cruz, el Nazareno,
Que del Calvario eternizó la loma,
Es el Dios de verdad, el sol sereno
Que eclipsar la luna de Mahoma:
Ante cuyo poder, de gloria lleno,
Esta secta heresiarca se desploma
De Arrianos, de Luteros, Simonistas,
Albigenses, Calvinos y Zwinglistas.

Perdón! Perdón, mi RELIGIÓN, mi Cristo,
Foco de luz, consuelo de mi alma,
Al rudo plectro que pulsar me has visto,
Y débilmente tu esplendor ensalma;
Con fe de mártir la sagrada palma,
Y en la vida sentirte y adorarte,
Y en la muerte por siempre contemplarte.

A MI SEÑOR [II] (IMPROVISADO)

No más temas, por Dios! Porque me aburro,
Yo canto aquello que del alma brota;
Si como improvisador nada discurro
Algo, escribiendo, mi magín denota,
Pues y no quiero por hacerme el curro
Quedar ante el auditorio hecho una *sota*.

Tal vez un día fácilmente pueda
Ser de improvisación algún modelo,
Y como aquel que sin sentir remeda
Pensamiento cualquier tomado al vuelo,
El que pueda fingir también suceda;
Pero hoy no puedo aunque poder anhelo.

Cada verso que escribo es porque siento,
Y al no sentir, le juro sin mentira,
Que como no halla el alma su elemento
No le encuentro ni cuerdas a la lira:
Aunque conozco bien que ese argumento
Es muy digno del alma que se inspira.

Dejadme que la libre fantasía
Pinte sus formas, que aún no están formadas,
Yo no quiero ofender la poesía
Mas de lo que la ofenden mis trovadas;
Porque muriera de dolor un día
Si ese ÁNGEL me negase sus miradas.

Perdonadme que vierta disparates

En mi anhelo de canto ciego y loco,
Que así empezaron los primeros vates
Y llegaron muy lejos poco a poco:
Dejadle al bardo esclavo sus dislates
Quizás la *chispa* se convierta en *foco*.

Y no penséis que a improvisar me niego,
Pues hago versos como aquí relato;
Pero conozco en mí que no hallo fuego
Como hallarlo quisiera a su mandato:
Y poder a su tema darle el riego
Que anhela el alma fiel de su *mulato*.

Noviembre, 1864

A LA GRACIOSA NIÑA
Da. NARCISA ECHEMENDÍA Y FLORES[26]

Niña hermosa, arcángel bello,
Que en mis brazos he tomado
De humilde siervo en estado,
Con el cariñoso sello
Del fiel infantil criado.

Tú eres de los dos embeleso,
Madre y padre, mis señores:
Dueña dos veces por eso
De mí, que amor te profeso
Cual a mis dueños mayores.

Vierta el Eterno en tu frente
Lumbre de paz bendecida,
Pura linfa sea tu vida
De murmurante corriente
Clara, diáfana y lucida.

Jamás el hado tirano,
Cuando goces pubertad,
Ponga en tu existir la mano,
Ni que tu suelo cubano
Llore ausente tu beldad.

---

[26] Hija del dueño de Ambrosio Echeverría. El poema está incluido en Fraga León 2009: 94.

Orgullo paterno sean
Tu hermosura, tu virtud,
Tu afecto en mi esclavitud;
Y que eternamente vean
A tus plantas mi laúd.

Yo pido al Supremo Ser,
Viéndote feliz de niña,
Verte feliz de mujer,
Y que tu alba frente ciña
Virtud, amor y deber.

A MI SEÑOR [III]. EN SU PARTIDA

Partid, señor, feliz al Almendares,
Que arrastra arenas de oro
Bajo altísimas ceibas y palmares,
Y potente y sonoro
Modula de sus bardos los cantares:
Partid, llevaos mi tierra despedida
Y el ángel tutelar de nuestra vida.

Llegad feliz al suelo de Varela[27],
De Luz[28] y de Zambrana[29],
Leed allí mi humilde cantinela:
Saludadme a la Habana,
Ya que su prensa al mundo me revela:
Mientras yo pido al Todopoderoso
La ausencia acorte, y que volváis dichoso.

Diciembre, 1864

---

[27] Félix Varela (1788-1853), sacerdote cubano. Exiliado en los Estados Unidos, sirvió como asesor teológico de la Conferencia de Obispos Católicos de los Estados Unidos. Fue autor de varios libros, entre los que destaca *Cartas a Elpidio*, y fundó y dirigió el periódico *El Habanero*. Recientemente la Arquidiócesis de Nueva York y la Archidiócesis de Miami han propuesto su beatificación al Vaticano.

[28] Véase nota 9.

[29] Antonio Zambrana (1846-1922), escritor y político cubano autor de *El negro Francisco*.

A LA SEÑORITA DA. MERCEDES ARÚS Y PUERTAS[30]

TU MODESTIA.

De inspirada poetisa
Brilla en tu frente el destello,
Donde el pudor se divisa,
Y tu graciosa sonrisa
Anima tu rostro bello.

De tus ojos se desprenden,
Hermosas y fulgurantes,
Emanaciones que encienden;
Rayos de luz, tan brillantes
Que a quien los mira le ofenden.

Tu talle gentil emana
La gracia y la bizarría,
Que el cielo dio a la cubana,
A esa creación galana
Sola de la patria mía.

Te adorna la perfección
De belleza y de talento,
De virtud, de inspiración,
De bondad, de pensamiento,
Y de un noble corazón.

---

[30] Mercedes Arús y Puertas (1845-¿?), poeta cubana publicada en *Florilegio de escritoras cubanas* (1910).

Pero entre tanta grandeza,
En tal conjunto de galas
Que te dio naturaleza,
A la más pura belleza
Tu grata modestia igualas.

Ella te muestra serena
En el jardín de la vida,
Como la pulcra azucena
Con su corola garrida
De suave perfume llena.

Ella, su dulce expresión,
Realza tu rostro cubano,
Cautivando la atención,
Objeto de admiración
Por prestigio soberano.

Y tal tu modestia brilla
Que yo cantarla no puedo;
Porque tal me maravilla
Que de seguir tengo miedo
Mi tierna canción sencilla.

Perdón, perdón al poeta
Débil esclavo mestizo,
Por su confianza indiscreta;
La que a su bondad sujeta
Besando sus pies sumiso.

Y a su favor implorando
Por sus faltas el perdón,
Un verso queda esperando:

Que el bardo es libre cantando,
Y ella tiene inspiración.

A un incrédulo (improvisado)

Si no quieres creer, poco me apuro,
En que yo de mis versos dueño sea;
Pues yo creo también que quien no *crea*
Es juicista incapaz y mal seguro.

De horrenda envidia el sentimiento impuro
Siempre al genio asestó cruenta pelea;
Y la incapacidad monstruosa y fea
No ve la luz desde su abismo oscuro.

De todo duda el pensamiento necio,
Y no es cordura padecer agravios
Porque tu niegues a mi lira el precio:

Mis versos malos son, pero tan sabios
Que rechazan con lástima y desprecio
La sarcástica risa de tus labios.

Invitación

A la modesta y simpática poetisa «Flérida»[31] *(Villa-Clara)*

Canta, mi dulce poetisa,
Que tu sonoro concento
Es de un ángel el acento,
Es suspiro de la brisa:
El pensamiento divisa
En tus cantos el Edén;
Y sabe mover tan bien
El corazón tu trovada,
Que pareces inspirada
Por el genio de *Bethlen*.

Como en Italia *Corina*,
Aspasia en su bello suelo
Y en opuesto paralelo,
Safo y *Teresa* divina:
La tu lira peregrina
Melódico son regula;
Y ya tu fama pulula
De uno en otro continente;
De *Carolina* la mente
Y el almo numen de *Tula*[32].

---

[31] Isabel Machado de Arredondo (1838-1919), poeta cubana (Figarola-Caneda 1922: 57).

[32] Nombre abreviado con el que se conoce a la poeta cubana Gertrudis Gómez de Avellaneda.

No desmaye el plectro grato
Que natura te cediera
Para que orgulloso fuera
De la patria rico ornato;
Un pensamiento, un relato
De tu sentimiento en verso,
Será preludio que terso
En todo pecho se incuba
De tu idolatrada Cuba,
Si no del vasto universo.

Perdona si al invitarte
Temas no pueda elegirte,
Ni sé que deba decirte
Ni qué debo preguntarte:
Quiero tan solo escucharte,
Pues yo sé que por razón
Tu rica imaginación
Es un raudal de ambrosía,
Dó la dulce poesía
Destella la inspiración.

A Trinidad

Dedicada al Sr. D. Rafael Valdés Busto[33].

Salve! Salve mi solar paterno
Donde el TAYABA[34] undoso alegre gira,
Hermosa TRINIDAD, búcaro eterno
De hermosura, de amor; de cuanto mira
Un pensamiento enamorado y tierno.

Cual una ninfa que forjar intente
Su guirnalda de amor, y leve toma
Dulce descanso en prado floreciente;
Así en la falda de una altiva loma
Reclinada apareces muellemente.

Patria querida! Encanto de mis ojos!
Yo no quiero otro hogar ni otros placeres;
Otros busquen un mundo en sus antojos,
Mientras te mire a ti y a tus mujeres,
Palmas y flores, ceibas y corojos.

Al verte, TRINIDAD, forjo la idea
Que eres bella inspirada PITONISA;
Tú TRÍPODE la loma donde humea
La neblina impelida por la brisa,
Y el Mar Caribe tu gentil platea.

---

[33] Ver nota 6.
[34] Rafael Valdés Busto, abogado de Trinidad involucrado en las Guerras de Independencia de Cuba.

Cuánto te adoro, TRINIDAD querida!
Mi patrio suelo, mi felice cuna!…
Cuando fulgura el sol estás lúcida,
Bella si luce la esplendente luna,
Y aún hermosa en noche oscurecida.

Mi ruda lira, Patria idolatrada,
Tierna de promisión, cómo ensalzarte?…
Yo no puedo pintarte en mi trovada:
Yo solo puedo verte y adorarte
Con una fe patricia inmaculada.

Y a Dios pedirle con fervor profundo
Gloria por ti, donde mi amor se encierra,
Y que si el hombre fue de barro inmundo,
Mi humana tierra se la dé a mi tierra,
Y no a otra parte del terreno mundo.

A MI SEÑOR [IV][35]

Si mucho tiempo enmudeció mi lira
Tan solo fue, señor, porque dudaba
De que algo le valiese al que se inspira,
Y en el fondo del alma la ocultaba;
Yo veía sufrir al que delira,
Y llamarme *poeta* no anhelaba:
Hoy canto y cantaré porque me escuchan,
Porque en salvarme de mi estado luchan.

Mas no penséis, señor, que mi laúd
Olvidase el afecto de mi dueño;
Ni que odiase mi dulce esclavitud,
Pues gracia a su bondad, vivo risueño,
Que si anhelo ser libre, es por virtud,
Quizás por cantar con más empeño:
Oh! Nunca imaginéis que aunque sea libre
Mi esclavitud del alma a vos no *vibre*.

Sé que se duda de mi humilde verso
Porque me hace sudar un tema dado,
Quizás un día resolverlo terso
Podré, como poeta improvisado.
Luego, no han de dudar, si es el reverso
Del escribir mi escrito chapurrado?
Mas letra y todo mejorar se alcanza
Con la fe que respiro, y la esperanza.

---

[35] Incluido en Fraga León 2009: 96.

A MIS PROTECTORES

No hallo para vosotros digno canto
Cual rendirles quisiera, PROTECTORES,
Que en el alma de un bardo, los favores
Siembran la gratitud que riega el llanto.

Bello, entusiasta, sonoroso y santo
Os tributo un afecto por loores,
Que indeleble será, caros señores,
Hasta cubrirme del sepulcro el manto.

Bien por vosotros el esclavo implora
Que sus cadenas deposita en *vos*,
Rómpalas vuestra fuerza bienhechora;

Que ante los hombres, ante el mismo Dios,
El que alarga una mano protectora
Demuestra *al mundo* que se *enlazan dos*.

A Quintana[36]

Ilustre genio! El desbarrar perdona;
Que el entusiasmo mi poder engaña,
Si enaltece tu fama, lira extraña
De un ser mestizo, de servil persona.

Loor a ti! La cumbre de Helicona
Subiste osado en bárdica campaña:
Cayó la envidia, y la ilustrada España
Depositó en tu frente una corona.

Émulo en galas del laureado Tasso
Venera el pueblo hispano tu memoria,
Viendo en tu tumba el ESPAÑOL PARNASO;

Mirando en ella con patricia gloria
Brillar el sol de tu alma sin ocaso,
Sin rival en los fastos de la historia.

---

[36] Véase nota 19.

A UN INCRÉDULO DE MIS VERSOS [I]

¿Dudas, amigo, que la pobre mente
Salvar pudiese la Helicona cumbre,
O bien que libe en la castalia fuente,
O que Apolo gentil me dé su lumbre?...
Siempre ha dudado el hombre irreverente
De los polos, del suelo y su techumbre;
Nada es entonces si en la fe te bates
De no creerme autor de mis dislates.

Los malos versos que mi numen brota,
Y el rudo son de mi inacorde lira,
No sé por qué tu perspicacia azota
Llamándoles hipócrita mentira;
No vierto en ellos unca dulce nota,
Ni bello pensamiento en mí se inspira;
Pero plagios no son, no, voto a bríos!
Ellos malos serán, *pero son míos.*

A «El fanal»[37] de Puerto-Príncipe[38]

Si eres el faro, la gentil lumbrera,
De la culta ciudad camagüeyana
Dame, FANAL, en mi existencia vana
Un solo rayo de tu luz siquiera.

A la beldad del TÍNIMA[39] hechicera,
Al noble joven que bondad emana,
Decid que un bardo esclavo ora se afana,
Y algo en su *afán* de vuestra patria espera.

Al publicar mis pobres concepciones,
Manumitirme solamente espero;
Por eso ruego *abiertas suscripciones*,

Por eso lumbre en sus columnas quiero:
Que no me faltarán los corazones…
En el suelo de TULA[40] y de BORRERO[41].

---

[37] Periódico de Camagüey en el siglo XIX.
[38] Incluido en Fraga León 2009: 99.
[39] Nombre de un río que atraviesa la capital de la provincia de Camagüey.
[40] Véase nota 32.
[41] Esteban de Jesús Borrero (1820-1877), poeta y dramaturgo camagüeyano que vivió en Trinidad.

AL SR. LDO. D. FERNANDO ECHEMENDÍA[42]
EN SUS NATALES

Aunque ardiente se agita el alma mía
Buscando inspiración alta, grandiosa,
No encuentro, mi señor, en este día
Una digna de vos, y a vos melosa:
Perdonad que no cante; y que dichosa
El alma en su natal goce y sonría:
Y en silencioso ruego al cielo pida
Felicidad eterna a vuestra vida.

                    Mayo, 1865

---

[42] Véase nota 23.

A MI SEÑOR V (IMPROVISADO)

El tema que le brinda a mis cantares
Es un tema, que temo en el momento
No lo pueda pintar mi pensamiento,
Con poéticos rasgos a millares.

Mas yo lo escribiré, y a esos lugares
A leerlos iré, siempre contento,
Y dispuesto a cantar ese argumento,
Como el bardo más digno de mis lares.

Hacerlos juro, a nombre de sus hijos
LUISITO, FERNANDITO Y DIEGO ALBERTO[43],
Que hacen mis sueños de esperanza fijos,

Que en TRINA, ANDREA Y NARCISITA[44] advierto;
Pues sus favores, que serán prolijos,
Harán del *rudo esclavo* un hombre *experto*.

---

[43] Hijos del dueño de Ambrosio Echemendía.
[44] Hijas del dueño de Ambrosio Echemendía.

A M. … EN SU DÍA

Con un cariño dulce y misterioso
Que ni amor ni amistad llamarse puede,
En tu natal el alma te concede
Su canto sin pasión, pero armonioso.

Este afecto que siento, prodigioso,
Y que *amor* y *amistad* no te lo cede,
Envuelto siempre en el misterio quede
Y en mejor ocasión pierda su embozo.

Respira alegre, amiga idolatrada,
Muy más que amiga a mi afección intensa,
Cuando recibas la infeliz trovada

Con que mi lira tu loor incensa,
Que si no vale para el bardo nada
El nada vale cuando en ti no piensa.

Enero 6 de 1865

A LA MEMORIA DEL SR.
D. MARTÍN DE ARREDONDO[45]

La sepulcral mansión, guarde tus restos,
Goce tu alma la paz entre los justos,
Sufriste de la vida los disgustos,
Ten del cielo los gozos manifiestos.

No haya en tu tumba laureadores testos,
Que demuestre el buril, o enseñen bustos,
Tus sentimientos fueron muy augustos
Y en ti se encuentran mis recuerdos puestos.

Yo al mundo le diré: que tus consejos
Calmaron miles veces mis enojos,
Como a él le brindaron sus reflejos;

Que el talento nos deja sus despojos;
Y el alma vierte, de olvidarte lejos,
Las lágrimas que asoman a mis ojos.

---

[45] El también poeta afrodescendiente Gabriel de la Concepción Valdés (Plácido) dedicó un poema a la misma persona (Valdés 2010: 202).

El siglo tiempo y «El siglo»[46] papel

Al Sr. Director de EL SIGLO

Tras luengos años de barbarie ruda
El Siglo diez y nueve apareciera,
Y la ciencia y las artes por doquiera
Las armas son con que el mortal se escuda.

La iluminada prensa, que se anuda
A la voz del progreso, se genera,
Y marcha, marcha en una y otra esfera,
Y de un polo a otro nos saluda.

Al *Siglo tiempo «El Siglo» de papeles*
Unidos sigue en pura concordancia,
De Pílades y Orestes tipos fieles:

Ambos salvan al genio la distancia
Que oponen a su palma y sus laureles
La envidia, el deshonor o la ignorancia.

---

[46] Véase nota 24.

A UN INCRÉDULO DE MIS VERSOS [II]
(IMPROVISADO)[47]

Tú, que a mis versos niegas despiadado,
Su único valor, *el que son míos*,
¿Calmarás tus dudosos desvaríos,
Con mi rudo soneto improvisado?

El cuarteto primero está formado,
Y siguiendo a *Mendoza*[48] sin desvíos,
Con sentimientos crédulos y píos
El segundo *(dirás)* «lo ha rematado»!

Pobreza, esclavitud, color maldito,
¡Terceto cruel de mi primer terceto!
Formará de tu duda el requisito;

Pero al segundo muéstrame respeto...
Porque entonces si dudas... es purito,
O clávenme en la frente mi *soneto*.

---

[47] Incluido en Fraga León 2009: 97.
[48] Diego Hurtado de Mendoza (1503 o 1504-1575). Poeta español.

A la sra. Da. Bárbara Iznaga de Riquelme[49]

Residente en la Península,
En su día,
A nombre de su madre la Excma. Sra. Da. Monserrate de Lara de Cantero[50]

De tu madre recibe el dulce beso,
Desde allende los mares, hija mía,
El que deje en tu sien la brisa impreso
Como regalo de tu fausto día:
Ya que no puede el cariñoso exceso
Demostrarte presente mi alegría:
Pero piensa tú en mí, como en ti pienso,
Que ante amor maternal, no hay mar inmenso.

La soberana Reina de los cielos
Que milagrosa nuestra fe coadyuva
Acoja de tu madre los anhelos,
Y al trono del Señor mi ruego suba:
«Seas feliz en apartados suelos,
Feliz, si vuelves a tu amada Cuba,
Mires feliz tus hijos y tu esposo,
Bendiciéndote el Todopoderoso».

Diciembre 4 de 1864

---

[49] Fue la propietaria trinitaña de los Ingenios Aracas y Maynicú. Residió en Madrid.
[50] Perteneciente a la burguesía azucarera de la Trinidad del siglo XIX, estuvo involucrada en la inauguración de la Casa de Beneficencia.

La azucena[51]

Canción dedicada a la Srita. Da. Andrea Echemendía y Flores[52]

Nace bella gentil azucena,
Aromoso incensario del prado,
Como a orillas del Táyaba amado
La trigueña cubana nació.

La AZUCENA en sus pétalos muestra
Su esplendente ideal galanura;
La trigueña su amor, su hermosura;
Los encantos que el cielo le dio.

Luce tanto la flor nacarada
En los campos de Cuba, señora,
Como angélico ser que atesora
El trigueño color femenil.

Son mujeres y flores hermanas:
En el tallo es la flor halagüeña,
Como pura bendita trigueña
De su amor en el verde pensil.

---

[51] Incluido en (Fraga León 2009, 94).
[52] Hija del dueño de Ambrosio Echemendía.

Al Sr. D. J. A. C. Décimas improvisadas[53]

Dudas que rasgo la lira,
Y que tengo inspiración?
Lo segundo, habrá razón…
Lo primero no es mentira.
Mi tosco numen se inspira
Y tal vez no será bueno!…
Pero que toco sereno
La lira que ahora levanto,
Es tan verdad como el canto
Que a tu duda doy de pleno.

Tú piensas que soy plagiario
Porque en público ni hablo,
O porque en versos no entablo
Un desbarrar temerario?…
Siempre, amigo, fui contrario
De presentar ese viso,
Y además, yo no me atizo
Por confesar la verdad:
No tengo facilidad
Y por eso no improviso.

Harto me gusta escuchar,
No a los que hablen disparates,
Sino a legítimos vates
Dulcemente improvisar:
Y oír, juzgar y callar,

---
[53] Véase la nota 14.

aplaudiendo siempre a aquel
que lo hace bien, y que en él
encuentre el rico donaire
de ver que escribe en el aire
lo que yo escribo en papel.

Creo que no dudarás
De mis décimas también,
No porque suenen muy bien,
Pues faltas les hallarás;
Sino porque juzgarás
Que algo concibo y concedo;
Y aunque escribiendo me enredo
A improvisar no hallo arribo:
Yo lo que digo lo escribo
Pues de otro modo... no puedo.

A N...

> Tú ocupas mi pensamiento,
> Sin ti no puedo vivir
>
> J. A. Cortés[54]

Si quieres que te adore, indiana mía,
Con el alma fogosa del cantor,
No más te muestres desdeñosa y fría,
Menospreciando mi acendrado amor.

Si quieres que mis ayes y cantares
Se estrellen a tus plantas con ternura,
No más le des al corazón pesares,
No más te muestres como roca dura.

Y si quieres, en fin, ninfa adorada,
No entibiar la pasión que en mí se imprime,
No me niegues de amor una mirada
Que el alma abrase, y la ilusión anime.

Pues tu angélica mirada,
Pura como la ilusión,
Es la esperanza dorada
Que alienta mi corazón.

Así no persistas luego
En negarme despiadada

---

[54] Véase la nota 14.

De tu pupila de fuego
Una furtiva mirada.

Que si tan leves favores
Llegas a negarme, impía,
Morirá con tus rigores
La pobre esperanza mía.

(1860)

A un amigo, en su día [I]

Mi humilde estado, con humilde lira
Versos tan solo brinda por loores,
Única gracia que en mi ser se mira,
Pues la natura me negó favores;
Pero mi canto la virtud respira
Como el ambiente aroma de las flores;
Y en su natal a vuestro elogio acudo,
Le venero, le canto y le saludo.

                    Octubre 24 de 1864

A MI APRECIABLE AMIGO EL SR. D. JOSÉ ANTONIO CORTÉS EN SU DÍA[55]

Saludo alegre tus cumplidos años
Al rudo son de mi modesta lira
Porque a la mente con placer inspira
Un amistoso afecto sin engaños.

Salud, amigo: que jamás los daños
Que al alma hieren, si en la tierra gira,
Puedan turbar tu placentera mira,
Ni nublar tu ilusión con desengaños.

Seré feliz, si en mi anhelar consigo
Verte dichoso, cual quisiera verte!
Tocar tu mano y departir contigo:

Y como siempre férvido ofrecerte
El puro corazón de un fiel amigo
Que no cesa un momento de quererte.

---

[55] Véase la nota 14.

AL POPULAR POETA D. JOSÉ FORNARIS[56]

Venero tu laúd, se que eres vate,
Y si te escucho el corazón me late.

J. J. Milanés[57]

Tú que rasgas dulce lira
A cuyos mágicos sones,
Con mágicas emociones
El alma ardiente delira.
Bardo que la patria mira
Como su *bardo* querido,
Y cuyo *canto* sentido
Resuena de boca en boca,
Perdona si ye provoca
Mi *canto* descolorido.

Épicos cantos celebra
De tu plectro el orbe entero
Sino como los de *Homero*
Con laurel que no se quiebra:
Cuba en sus fastos enhebra
Tu eterna fama en la grey;
Y por convicción y ley
En tu patria y domicilio

---

[56] José Fornaris (1827-1890), poeta cubano nacido en la ciudad de Bayamo.
[57] José Jacinto Milanés (1814-1863), poeta y dramaturgo cubano nacido en la ciudad de Matanzas.

Cual vive en Roma *Virgilio*,
Vivirá tu *Siboney*[58].

Pero más eternamente
Tu gloria estará sellada
En esa dulce trovada
Gusto del trópico ardiente,
Esa *décima* candente
Que como hiblea miel,
Como el maná de *Israel*
Entre tus labios hospedas,
Pues tú solamente heredas
El corazón de *Espinel*.

---

[58] Uno de los grupos nativos de Cuba. José Fornaris, con la publicación de su poemario *Cantos del Siboney* (1855), dio origen a una literatura nacionalista que buscaba sus raíces en las culturas prehispánicas del Caribe insular y que se conoce precisamente como siboneyismo.

A un amigo, en su día [II]

La humilde lira del esclavo pardo
Verter quisiera en su natal, los sones
Que vierte alegre la del libre bardo
Cuando le inspiran puras afecciones;
Y en lugar de este canto, tan bastardo
De cadencia, de luz, de inspiraciones,
Daros, señor, un canto tan entero,
Como al grande *Aquiles* el sublime *Homero*.

      Octubre 24 de 1864

A Mariquita

Con un *sí* me das la vida,
Con un *no* me das la muerte.

En alas de una esperanza,
Concebida en mi ilusión,
Mi amoroso corazón
Ante tus plantas se lanza:
En tus labios la balanza
Pendiente está de mi suerte,
Vivir o morir me advierte,
Pues mira que en su caída
Con un sí me das la vida,
Con un no me das la muerte.

Tuyo ser eternamente,
Vivir para ti, mi bien,
Soñar contigo el Edén
Que se ha forjado la mente:
Te lo jura reverente
Quien nació para quererte;
El que no duda ofrecerte
Su esperanza más florida;
Con un sí me das la vida,
Con un no me das la muerte.

Tú, mi dulce amor primero,
Primer delirio de amor,
De mi jardín pulcra flor,
Y faro de mi sendero;

En ti confío y espero
Con una esperanza fuerte
Tierna y amorosa verte,
Que en mi pasión encendida
Con un sí me das la vida,
Con un no me das la muerte.

A tu ruego, a ti suspiro,
A ti llevo mi cantar
Porque calmes el pesar
De la angustia en que deliro:
Si afecto o piedad te inspiro
Di si puedo merecerte,
No olvidando al resolverte
Que en mi existencia transida,
Con un sí me das la vida,
Con un no me das la muerte.

A Mercedes[59]

«Paso mi vida pensando
En el momento de verte,
Ay! Lamentando mi suerte,
Mi amarga ausencia llorando».

Es imposible pintarte
De mi amor el ardimiento,
Si estás en mi pensamiento
Y no ceso de adorarte:
Dejar, trigueña, de amarte
Fuera vivir suspirando,
Continuamente penando
Y detestando mi suerte,
Más en el acto de verte
Paso mi vida pensando.

Pasa un día y otro día,
Pasa la semana entera,
Y más se aviva la hoguera
De mi amor, *indiana mía*,
Pues te adoro sin falsía,
Porque es mi gloria quererte,
Y en amarte hasta la muerte
Estriba mi bienandanza,
Cual me lleno de esperanza
En el momento de verte.

---

[59] Incluido en Fraga León 2009: 89-90.

Todo es ternura y placer
Cuando a tu lado me miro;
Cuando junto a ti suspiro
Olvido mi padecer:
Y por no poderte ver
Como yo quisiera verte,
Sufre el pecho la agonía,
Y así me estoy noche y día
Ay! Lamentando mi suerte.

El poderte contemplar
Cada instante, es mi deseo,
Porque cuando yo te veo
Siento el pecho palpitar:
Mientras me mata el pesar,
Porque en ti vivo pensando
Y me paso lamentando
De mi martirio el rigor,
Y en medio de mi dolor
Mi amarga ausencia llorando.

Epigrama

Dígame U., *D. Lilito*;
Tan pulcro como aparece
Con su femenil prurito,
A qué sexo pertenece?...
Tan ambiguo proceder
Causa más de una cuestión!...
Vamos, es hombre o mujer,
Es camisa o camisón?...

Poemas publicados en periódicos

Al Damují[60]

No ha mucho tiempo, caudaloso río,
Murmuraban tus aguas quejumbrosas,
Bañando triste las pajizas chozas
Que formaban tu pobre caserío.

El *Progreso* escuchó tu murmurío,
Y en tus incultas márgenes hojosas,
Brotó *Cienfuegos*! Como en frescas rosas,
Gentil capullo en el ardiente estío.

¿Será cual tu mi genio desgraciado
Que en silencioso vegetar se inspira…?
¿Vendrá el *Progreso* a revocar su hado…?

Si es cierto, Damují ¡ay! En mi lira,
Al mudar cual tus linfas, a otro estado…
Te promete cantar quien hoy suspira!

---

[60] Incluido en Fraga León 2009: 103.

Adiós a Elvira[61]

Adiós! Yo parto mañana
Tu recuerdo va conmigo:
Ojalá quede contigo;
La misma ilusión galana!
Y que al volver de la Habana
Halle en mi feliz regreso
Tu puro amor, siempre ileso
De ficción, de hipocresía;
Y que pueda, Elvira mía,
Sellar en tu labio un beso.

Marcho en alas del destino
Al margen del Almendares,
Donde hallarán mis cantares
El obsequio que imagino;
Volveré y amante fino
A orillas del Damují
Siempre tendré para ti
Mi amoroso fuego santo,
Mi pobre lira, mi canto,
La inspiración que hay en mí.

«No llores porque me ausente
Mi bien; el dolor soporta
Que tu ausencia será corta
Porque es mi amor muy ardiente».
Todo corazón que siente

---
[61] Incluido en Fraga León 2009: 104-105.

Y no muestra desvío:
Latiendo en libre albedrío
Solo vive donde ama,
Donde puro amor lo inflama
Como tú inflamas el mío.

Presto volveré a tu suelo,
Dó vivo con tus amores
Como las gallardas flores
Como el rocío del cielo.
Aquí donde el almo consuela.
Siempre el corazón respira,
Donde con humilde lira
Camino de gloria en pos
Con el pensamiento en Dios
Y el corazón en Elvira.

Diciembre de 1865

Agradecimientos

En Lafayette College, quisiera agradecer el apoyo de mis colegas (especialmente a Michelle Geoffrion-Vinci) del *Department of Foreign Languages and Literatures*. Así mismo, debo mencionar la ayuda de Wendy Wilson-Fall en *Africana Studies Program*, de Terese Heidenwolf y Karen Haduck en Skillman Library y de mis colegas en *Latin American and Caribbean Studies Program*. Ha sido imprescindible la colaboración de los historiadores Carlos Venegas, Bárbara Venegas y del profesor Alexander Selimov de University of Delaware. En la Biblioteca Nacional han colaborado Eduardo Torres-Cuevas (director), Nancy Machado (Subdirectora General), Araceli García-Carranza y Tomás Fernández Robaina. En la Sala Cubana de esa institución fue imprescindible el rol en la presente edición de Lourdes Morales (Especialista Principal), Amado del Pino, Taisuki Villa, Carlos Manuel Valenciaga, Migda Estévez y José Antonio Doll. Por último, este volumen no habría sido posible sin el apoyo de mi pareja Javier Jasso.

Catálogo Almenara

Aguilar, Paula & Basile, Teresa (eds.) (2015): *Bolaño en sus cuentos*. Leiden: Almenara.

Aguilera, Carlos A. (2016): *La Patria Albina. Exilio, escritura y conversación en Lorenzo García Vega*. Leiden: Almenara.

Amar Sánchez, Ana María (2017): *Juegos de seducción y traición. Literatura y cultura de masas*. Leiden: Almenara.

Arroyo, Josianna (2018): *Travestismos culturales. Literatura y etnografía en Cuba y el Brasil*. Leiden: Almenara.

— (2019): *Fin de siglo: el secreto y la escritura en la masonería caribeña*. Leiden: Almenara.

Barrón Rosas, León Felipe & Pacheco Chávez, Víctor Hugo (eds.) (2017): *Confluencias barrocas. Los pliegues de la modernidad en América Latina*. Leiden: Almenara.

Blanco, María Elena (2016): *Devoraciones. Ensayos de Período Especial*. Leiden: Almenara.

Burneo Salazar, Cristina (2017): *Acrobacia del cuerpo bilingüe. La poesía de Alfredo Gangotena*. Leiden: Almenara

Caballero Vázquez, Miguel & Rodríguez Carranza, Luz & Soto van der Plas, Christina (eds.) (2014): *Imágenes y realismos en América Latina*. Leiden: Almenara.

Calomarde, Nancy (2015): *El diálogo oblicuo: Orígenes y Sur, fragmentos de una escena de lectura latinoamericana, 1944-1956*. Leiden: Almenara.

Campuzano, Luisa (2016): *Las muchachas de La Habana no tienen temor de dios. Escritoras cubanas (siglos XVIII-XXI)*. Leiden: Almenara.

Casal, Julián del (2017): *Epistolario. Edición y notas de Leonardo Sarría*. Leiden: Almenara.

Churampi Ramírez, Adriana (2014): *Heraldos del Pachakuti. La Pentalogía de Manuel Scorza*. Leiden: Almenara.

Deymonnaz, Santiago (2015): *Lacan en el cuarto contiguo. Usos de la teoría en la literatura argentina de los años setenta*. Leiden: Almenara.

Díaz Infante, Duanel (2014): *Días de fuego, años de humo. Ensayos sobre la Revolución cubana*. Leiden: Almenara.

Fielbaum, Alejandro (2017): *Los bordes de la letra. Ensayos sobre teoría literaria latinoamericana en clave cosmopolita*. Leiden: Almenara.

García Vega, Lorenzo (2018): *Rabo de anti-nube. Diarios 2002-2009. Edición y prólogo de Carlos A. Aguilera*. Leiden: Almenara.

— (2019): *Rostros del reverso. Edición y prólogo de Carlos A. Aguilera*. Leiden: Almenara.

Garrandés, Alberto (2015): *El concierto de las fábulas. Discursos, historia e imaginación en la narrativa cubana de los años sesenta*. Leiden: Almenara.

Giller, Diego & Ouviña, Hernán (eds.) (2018): *Reinventar a los clásicos. Las aventuras de René Zavaleta Mercado en los marxismos latinoamericanos*. Leiden: Almenara.

González Echevarría, Roberto (2017): *La ruta de Severo Sarduy*. Leiden: Almenara.

Gotera, Johan (2016): *Deslindes del barroco. Erosión y archivo en Octavio Armand y Severo Sarduy*. Leiden: Almenara.

Greiner, Clemens & Hernández, Henry Eric (eds.) (2019): *Pan fresco. Textos críticos en torno al arte cubano*. Leiden: Almenara.

Hernández, Henry Eric (2017): *Mártir, líder y pachanga. El cine de peregrinaje político hacia la Revolución cubana*. Leiden: Almenara.

Inzaurralde, Gabriel (2016): *La escritura y la furia. Ensayos sobre la imaginación latinoamericana*. Leiden: Almenara.

Kraus, Anna (2018): *sin título. operaciones de lo visual en 2666 de Roberto Bolaño*. Leiden: Almenara.

Loss, Jacqueline (2019): *Soñar en ruso. El imaginario cubano-soviético*. Leiden: Almenara.

Lupi, Juan Pablo & Salgado, César E. (eds.) (2019): *La futuridad del naufragio. Orígenes, estelas y derivas*. Leiden: Almenara.

Machado, Mailyn (2016): *Fuera de revoluciones. Dos décadas de arte en Cuba*. Leiden: Almenara.

— (2018): *El circuito del arte cubano. Open Studio I*. Leiden: Almenara.

— (2018): *Los años del participacionismo. Open Studio II*. Leiden: Almenara.

— (2018): *La institución emergente. Entrevistas. Open Studio III*. Leiden: Almenara.
Molinero, Rita (ed.) (2019): *Virgilio Piñera. La memoria del cuerpo*. Leiden: Almenara.
Montero, Oscar (2019): *Erotismo y representación en Julián del Casal*. Leiden: Almenara.
Morejón Arnaiz, Idalia (2017): *Política y polémica en América Latina. Las revistas Casa de las Américas y Mundo Nuevo*. Leiden: Almenara.
Pérez-Hernández, Reinier (2014): *Indisciplinas críticas. La estrategia poscrítica en Margarita Mateo Palmer y Julio Ramos*. Leiden: Almenara.
Pérez Cano, Tania (2016): *Imposibilidad del* beatus ille. *Representaciones de la crisis ecológica en España y América Latina*. Leiden: Almenara.
Pérez Cino, Waldo (2014): *El tiempo contraído. Canon, discurso y circunstancia de la narrativa cubana (1959-2000)*. Leiden: Almenara.
Quintero Herencia, Juan Carlos (2016): *La hoja de mar (:) Efecto archipiélago I*. Leiden: Almenara.
Ramos, Julio (2019): *Desencuentros de la modernidad en América Latina. Literatura y política en el siglo XIX*. Leiden: Almenara.
Ramos, Julio & Robbins, Dylon (eds.) (2019): *Guillén Landrián o el desconcierto fílmico*. Leiden: Almenara.
Selimov, Alexander (2018): *Derroteros de la memoria.* Pelayo y Egilona *en el teatro ilustrado y romántico*. Leiden: Almenara.
Timmer, Nanne (ed.) (2016): *Ciudad y escritura. Imaginario de la ciudad latinoamericana a las puertas del siglo XXI*. Leiden: Almenara.
— (2018): *Cuerpos ilegales. Sujeto, poder y escritura en América Latina*. Leiden: Almenara.
Tolentino, Adriana & Tomé, Patricia (eds.) (2017): *La gran pantalla dominicana. Miradas críticas al cine actual*. Leiden: Almenara.
Vizcarra, Héctor Fernando (2015): *El enigma del texto ausente. Policial y metaficción en Latinoamérica*. Leiden: Almenara.

www.ingramcontent.com/pod-product-compliance
Lightning Source LLC
Chambersburg PA
CBHW020616300426
44113CB00007B/665